Armistice 1918

Desastre. Moi et Camille nus, capote, et lui comme au début il pensait que je voulais pas le faire, et bah ça a foiré. Donc suis encore vierge. C'est pas grave mais pauvre camille il est tout honteux. Mais c'est de MA faute !! Enfin Bref on pense plus à ça

MERDE MERDE
MERDE
MERDE MERDE
MERDE

Aaarrgh
SNIF

notes

La prochaine fois, lui retirer son pantalon, son caleçon et me débrou… par la suite. Arf

www.esnè.com … E AUJOURD'HUI … elle …

2003 DÉCEMB…

20 s a m

S. Abraham

VACANCES

Conseils comm… pour avoi… un orgasme

1) être dessus : être dessus de façon à … ce que le clito en pression sur le corps … l'autre, et bouger ton bassin d'avant en …

2) Le 8 : S'accroupi sur le mec (en étan… dessus) et faire des vagues de 8 ave… son bassin

3) Le V : sur le dos, ouvrir ses jambes en mettant ses genoux sur la poitrine

4) La petite cuiller : lui derrière le dos et tenant les hanches et le bas du ventre, en appuyant sur le ventre

notes

Décembre

… TRIOTS I … 13 l u n

2004 MARS

19 v e n

S. Joseph

Maths : 11,5

Ça fait chier je l'aime TROP et je suis POSSESSIVE et COLLANTE… je ne lui laisse plus de libertés… Bref, il me fait souffrir car il me fout tout le temps des vents, au lieu de me dire tout simplement qu'il veut rester seul. Brefouillouh, je suis triste et pleure tout le temps. Je vais essayer de faire des efforts mais en même temps à lui aussi d'en faire.

AARGHH

c'est dur l'amour !

Mars

RAS

Wow les belles fesses ! pourquoi les miennes elles sont pas comme ça ?

W0392129

187

Octobre

des jolies paires

SUIV… QUE… …ALE …18 e… …s pa… à la … reste… …RS … UI … LA … ON… …HUI…

Mes quatorze ans

Lucie Mikaelian Jeanne Boëzec Lisa Chetteau

Mes quatorze ans

Enquête sur ma découverte de la sexualité

GALLIMARD
BANDE DESSINÉE

À **30 ANS,**

j'ai décidé d'enquêter sur l'adolescente que j'étais.

Tout est parti d'un **GROS AGENDA** à la couverture **JAUNE** à **SPIRALE** que j'ai retrouvé chez mes parents.

LE JOURNAL INTIME QUE JE TENAIS À 14 ANS.

Cette année-là, j'ai fait l'amour pour la première fois, et j'ai tout noté dans ce carnet... quand je suis devenue **ADULTE**, ce journal a longtemps été l'objet de ma honte. J'ai d'ailleurs tenté de m'en débarrasser plein de fois. Il a même déjà été dans la poubelle, récupéré IN EXTREMIS.

Dès que je l'ouvrais, j'étais mortifiée.
À cause de ma manière d'écrire, de mon vocabulaire,
de ma passion pour SAEZ et TRYO,
de mon côté première de la classe...

... et surtout, j'avais honte de mon obsession pour

LE SEXE.

MAIS à **30 ANS**, j'ai vu ce carnet pour ce qu'il était :

UNE OPPORTUNITÉ POUR M'AIDER À COMPRENDRE COMMENT J'AVAIS CONSTRUIT MA SEXUALITÉ.

J'avais soudain accès à toutes mes pensées les plus intimes sur le moment certainement le plus personnel de la vie d'une jeune fille. Alors j'ai décidé de me replonger dans l'année **2003** pour mener une sorte **D'ENQUÊTE SUR MON ADOLESCENCE :**
sur mon rapport au corps, à ma sexualité, mon plaisir, aux garçons, à mes parents, mes amis...

« LE FANTÔME DE LA FÉMINITÉ
EST UNE ILLUSION,
UN MIRAGE,
UNE HALLUCINATION COLLECTIVE. »

DEBORAH LEVY,
<u>LE COÛT DE LA VIE</u>

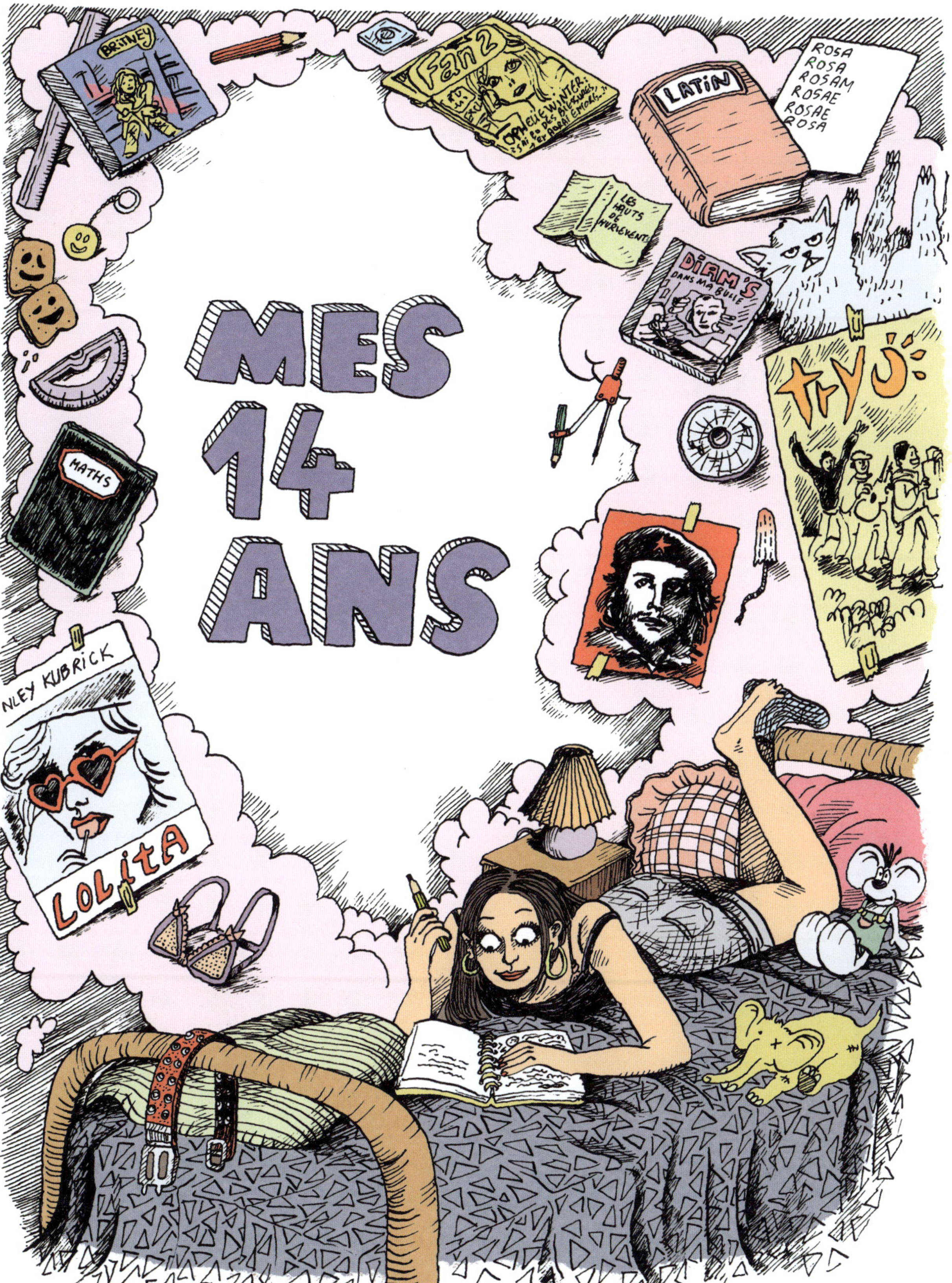
MES 14 ANS
BRITNEY
Fan2
LATIN
ROSA
ROSA
ROSAM
ROSAE
ROSAE
ROSA
LES HAUTS DE HURLEVENT
DIAM'S DANS MA BULLE
Tryo
MATHS
NLEY KUBRICK
LOLitA

MA FAMILLE :
C'EST NOUS !
ÈVE, 53 ANS : MA MÈRE.
C'EST UNE FEMME ORIGINALE. PARFOIS UN PEU DANS SON MONDE. ELLE N'AIME PAS CUISINER, ADORE PARTIR EN VOYAGE ET A UNE PASSION POUR LE TANGO.
JACQUES, 52 ANS : MON PÈRE.
JE L'ADMIRE. IL ÉCOUTE FRANCE CULTURE EN BRICOLANT. IL M'OBLIGE À FAIRE DU GREC ANCIEN ET DES MATHS LE WEEK-END, ET MÊME PENDANT LES VACANCES.
ILS S'AIMENT TRÈS FORT, MAIS S'ENGUEULENT BEAUCOUP.
MES PARENTS NE DORMENT PAS DANS LA MÊME CHAMBRE (MON PÈRE RONFLE...)
... NI DANS LA MÊME VILLE. PENDANT LA SEMAINE, MON PÈRE TRAVAILLE À TOULON ET NOUS RETROUVE LE WEEK-END À PARIS.
ILS ME LAISSENT ASSEZ LIBRE, TANT QUE J'AI DES BONNES NOTES.
PARFOIS, J'AIMERAIS QU'ILS SE SÉPARENT.

TOP SECRET
ÇA FAIT PITIÉ...
SÉRIEUX, SI QUELQU'UN LIT ÇA, C'EST PAS COOL POUR MOI, VAUT MIEUX PAS SAVOIR CE QU'IL Y A ÉCRIT DEDANS...

PREMIÈRE PARTIE

SEPTEMBRE - NOVEMBRE

LUCIE? TU TE COUCHES BIENTÔT?
STRING ROUGE SNOOPY ACHETÉ PAR PACK DE 5 CHEZ H&M
SOUTIF REMBOURRÉ VICTORIA'S SECRET
DÉBARDEUR NOIR KIABI
BAGGY CARHARTT
CHAUSSURES DE SKATE E.S.
CEINTURE "AVRIL LAVIGNE" ACHETÉE À CHÂTELET
FNAC
JOURNAL INTIME
LAISSE PARLER LES GENS
• 17 MAI : FIRST DAY WITH CAMILLE
• 17 AOÛT : TROIS MOIS AVEC CAMILLE
• 2 SEPTEMBRE : RENTRÉE EN TROISIÈME !
4 MARS 2001 : FIRST RÈGLES !
À 22H, TU ÉTEINS LA LUMIÈRE !
TU AS FAIT LA CAISSE DE NUNU ?
FRANCE INTER IL EST 8H... NOUS SOMMES MARDI ET VOUS ÉCOUTEZ LA MATINALE DE STÉPHANE PAOLI...
TU AS FAIT LA CAISSE DE NUNU ?!
CHOCOS

HMMM... CHELOU
VAS-Y, ELLES SONT TROP PLATES...
J'AURAIS DÛ METTRE UN STRING ...
ÇA SAOULE.

J'habitais à PARIS, rue d'Amsterdam, près de la place de CLICHY.
Un quartier aisé mais assez mixte socialement. Mon collège était à 2 MIN à pied de la maison, dans la même rue, sur le même trottoir.
C'était un bon collège public...
ÇA VA?
OUAIS, GRAVE
ET TOI?
OUAIS
ET TOI?
COOL
... où j'avais de bonnes notes...
... et une bande de copines avec qui je me sentais libre d'être moi-même.
HEY!
HEY!
LES FILLES!
Hiiiii
LULU!
COLLÈGE CONDORCET
MON OBJECTIF: Rentrer au prestigieux LYCÉE CONDORCET, juste en bas de la rue.

Pendant l'été, mon corps aussi s'est TRANSFORMÉ.

DRRiiiiiiiiNNNGG !!!
GOOD CHARLOTTE

a+b/c = a/c + b/c
COGITO ERGO SEUM
JTM LULU!
MEL'
ROCK!
LUNDI
MARDI
MERCREDI
JEUDI
VENDREDI
8H15 9H10
9H10 10H05
10H20 11H15
11H15 12H10
13H30 14H25
14H25 15H20
15H35 16H30
16H30 17H25
GREC Salle 10
GREC Salle 10
TECHNO Salle 9
E.P.S.
E.P.S.
GREC Salle 10
ED. CIVIQUE Salle 36
FRANÇAIS Salle 14
ANGLAIS Salle 17
PHYSIQUE Salle 28
ESPAGNOL Salle 16
ESPAGNOL Salle 16
ANGLAIS Salle 17
S.V.T. Salle 30
REPAS
MATHS Salle 33
HISTOIRE Salle 36
MATHS Salle 33
LATIN Salle 12
ANGLAIS Salle 17
Ⓐ LATIN Salle 26
S.V.T Salle 20 Ⓑ
HISTOIRE Salle 36
FRANÇAIS Salle 14
HISTOIRE Salle 36
Ⓐ PHYSIQUE Salle 28
LATIN Salle 26 Ⓑ
LATIN Salle 12
FRANÇAIS Salle 14
MATHS Salle 33
PHYSIQUE Salle 28
Ⓐ MUSIQUE
MATHS Salle 33
NATATION Ⓑ
FRANÇAIS Ⓑ
ART P. Salle 39
FRANÇAIS Salle 14
ESPAGNOL Salle 16
MONSIEUR TUYADE
EMPLOI DU TEMPS
POURRI
À CAUSE DU GREC ET DU LATIN
(8H15-17H25
TOUS LES JOURS!!)
CANIS DE VITA.

DANS MA CLASSE, J'AVAIS UN GROUPE DE COPINES : ON ÉTAIT NI LES PLUS POPULAIRES, NI TOUT EN BAS DE L'ÉCHELLE SOCIALE DU COLLÈGE...
ÉCHELLE SOCIALE
POPULAIRES
STYLÉES
SYMPAS
NOUS, ON EST LÀ !
BOLOSSES
LES SANS-AMIS
PIRE TRUC DE LA TERRE !!
JOURNAL INTIME
LAISSE PARLER LES GENS
MÉLANIE
LUCIENNE
MÉLISANDE
CHLOÉ
BRIGITTE
SANDRINE
AVRIL LAVIGNE
DES enfants d'immigrés aux prénoms "bien français".
DANS CE GROUPE, j'étais la plus expérimentée avec les garçons, j'avais déjà eu des petits copains et l'année d'avant, en 4e j'avais embrassé BEN,
le BAD BOY de la classe. (Qui m'avait même peloté les seins).
J'ENTENDS MON CŒUR QUI FAIT DES BOOM BOOM
DANS MON HALL ÇA RÉSONNE, ÇA FAIT BOOM BOOM
J'avais aussi une BANDE DE COPAINS :
J.B. : ancien amoureux de CM2
THOMAS : premier de la classe
JONAS : meilleur ami*
ÉCHELLE SOCIALE (VERSION MECS !)
Beaux Gosses
ILS étaient LÀ, c'est-à-dire NULLE PART...
DÉGUEU
BOUH
* mais pas dans ma classe

Avec nous, il y avait aussi CARLA, LA fille POPULAIRE du COLLÈGE.
Elle était TROP STYLÉE, et avait un atout REMARQUABLE :
CE BOULE TOMBÉ DES CIEUX !!
JE SAIS, JE SAIS...
belle gosse, jusque dans les pointillés...
...et pouvait se comporter comme une peste.
LOL
SCRITCH SCRITCH SCRITCH
LOL
JULIETTE SUCE KADER
...mais bon, peut-être que moi aussi, j'avais un côté peste...
LOL
JULIETTE SUCE KADER
SCRITCH SCRITCH SCRITCH
LOL
JULIETTE SUCE KADER
KEL PUTE

Et j'avais une idole, c'était :
SARAH MICHELLE GELLAR
L'héroïne de
Buffy contre les vampires
qui passait tous les samedis soir dans
LA TRILOGIE DU SAMEDI
sur
M6
« À CHAQUE GÉNÉRATION IL Y A UNE ÉLUE, SEULE ELLE DEVRA AFFRONTER LES VAMPIRES, LES DÉMONS & LES FORCES DU MAL... »
« ELLE S'APPELLE BUFFY. »
Elle incarnait tout ce que je désirais devenir : une meuf débrouillarde, indépendante, sexy, qui ne pouvait pas s'empêcher de tomber amoureuse d'un
BAD BOY
TEAM SPIKE
KISS THE LIBRARIAN
YUURP, YUUURP
SARAH MICHELLE GELLAR

2 SEPTEMBRE
DRRRiiiiiiiiiiNNNG !!
MAIS TU FINIS À 17H30, JE VOIS ICI...
ALLEZ, VAS-Y
ADÈLE la petite amie de BEN
elle ressemblait à l'égérie des garçons de ma génération CLARA MORGANE
J'SUIS DÉGOÛTÉE D'AVOIR E.P.S. À 8 H LES MERCREDIS !
AVEC M. BÉNIER EN PLUS...
KLIMT RETROSPECTIVE
J'ARRIVE À 20H, ON FERA LES FAJITAS DE CHEZ PICARD CE SOIR, MON ANGE, ÇA TE VA ?
OUI OUI, SUPER.
HARTLEY CŒURS À VIF
KUBRICK LOLITA
icône qui se révèlera problématique
NOUVELLE RÉSOLUTION : BIEN AIMER ADÈLE.

BIP
10:20
1 message reçu
Lire
BIP
NOKIA
CAMILLE:
CC CA VA ? TA RENTRÉE C BI1 PASSÉE? ON SVOIT TJR SAMEDI?
JE SORS AVEC CAMILLE DEPUIS 3 MOIS ! IL A UN AN DE PLUS QUE MOI, IL EST EN SECONDE, GENRE, AU LYCÉE ! ON EST GRAVE AMOUREUX !
CAMILLE... un blond, petite fossette au menton, les dents du bonheur, JE L'AIMAIS, quoi.
FAUT PRÉCISER QUE J'AIMAIS LA MOITIÉ DES SKATEURS DE PARIS...
J'HABITAIS PLACE DE CLICHY, ET LUI À CONVENTION.
À L'OPPOSÉ.
LÀ
SACRÉ CŒUR
BUTTES CHAUMONT
ARC DE TRIOMPHE
PARIS
TOUR EIFFEL
JARDIN DES PLANTES
ICI
Pour aller chez lui, je devais :
1 MARCHER JUSQU'AU MÉTRO TRINITÉ
2 PUIS PRENDRE LA 12 PENDANT QUINZE STATIONS !!
TIC
TAC
40 MINUTES EN TOUT !
INTERMINABLE !!!
ON ÉTAIT TRÈS AMOUREUX, J'AVAIS 14 ANS, ET JE L'AVAIS DÉCIDÉ...
DEVENIR LE SOLEIL POUR SÉCHER TES SANGLOTS
ET FAIRE BATTRE LE CIEL POUR UN FUTUR PLUS BEAU...
...CAMILLE SERA LE PREMIER !

CAMILLE, je l'ai rencontré là où toutes les plus grandes rencontres se faisaient dans les années 2000 : MSN Messenger

EN FAIT tout a commencé quand Camille a ajouté, pour voir, une adresse qu'il trouvait drôle : SANSAMI@HOTMAIL.COM. Il se trouve que cette adresse, c'était celle de mon ami Thomas.

Ils avaient discuté comme ça plusieurs semaines.

Un jour, Thomas a eu l'idée de créer une conversation à trois. Je crois qu'il voulait essayer d'arranger un coup à Camille, et il avait pensé à moi

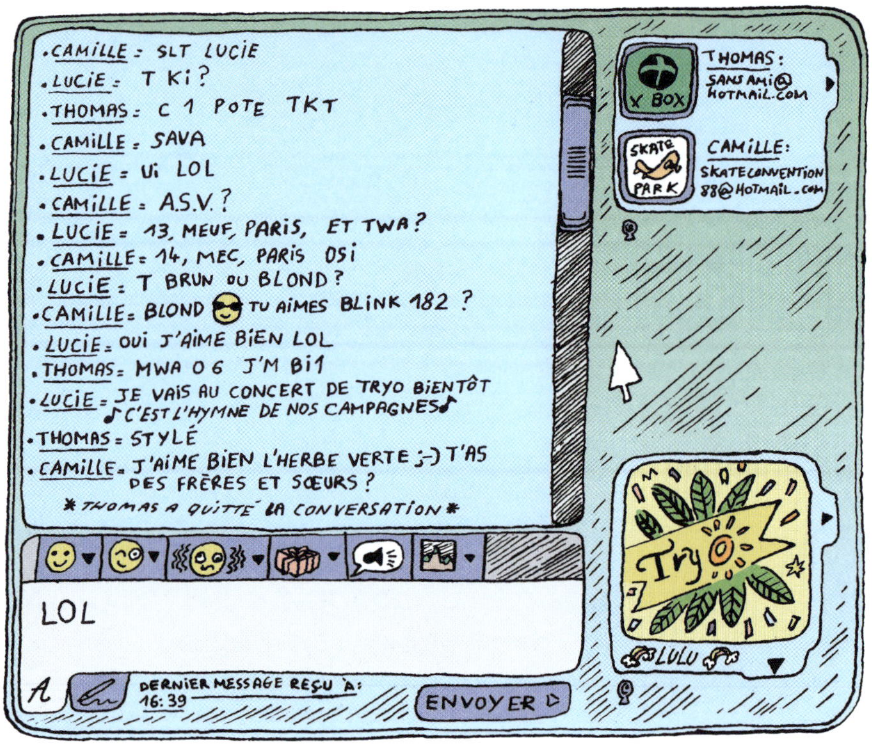

Avec CAMILLE, on avait parlé plusieurs mois comme ça, à se raconter nos vies d'ados. J'étais déjà amoureuse de lui avant même de le rencontrer dans la vraie vie...

QUI VEUT GAGNER MA VIRGINITÉ ?
EDI 2003
HYMEN
DEPUIS UNE SEULE CHOSE M'OBSÉDAIT :
PERDRE MA VIRGINITÉ...
OYEZ OYEZ, GENTE DAME !
DIANTRE, CAMILLE, VOUS AVEZ UN GLAIVE EN MAIN, OU C'EST LA JOIE DE ME VOIR ?
TMTC, TRÈS CHÈRE.
... C'EST-À-DIRE ME FAIRE PÉNÉTRER.
C'ÉTAIT LE BUT ULTIME DE MA VIE. COMME SI TOUT LE RESTE N'ÉTAIT VALIDÉ QUE PAR CETTE PREMIÈRE
PÉNÉTRATION

Mais bon, pour l'instant je n'étais pas tout à fait prête à faire le grand saut. Et ça arrangeait bien ma mère, qui espérait que j'attendrais le plus longtemps possible.
MAMAN A TOUJOURS PAS DIT À PAPA QUE JE VOULAIS ALLER CHEZ LA GYNÉCO,
ON VERRA PLUS TARD, LUCIE!
← PFFF!
NI QUE JE VOULAIS FAIRE L'AMOUR.
(CELA DIT, JE SUIS PAS PRESSÉE.)
MAIS PERSONNE NE COMPREND DONC QUE C'EST UN SENTIMENT SAIN ?!!
JE TE PRÉVIENS, MAMAN, J'ATTENDRAI PAS 19 ANS COMME TOI! T'ÉTAIS TELLEMENT VIEILLE QUAND TU L'AS FAIT POUR LA PREMIÈRE FOIS!
...
NON NON NON NON NON, JE NE L'ÉCOUTERAI PAS, OUI OUI OUI, JE VEUX LE FAIRE!!!
JE NE VEUX PAS ME FRUSTRER À CAUSE DE MAMAN QUI N'AIME PAS ME VOIR GRANDIR. MÊME LA GYNÉCO M'INCITERA À LE FAIRE, CAR C'EST NATUREL ET SAIN. ELLE FAIT UNE FIXATION SUR MON ÂGE, MAIS JE SUIS AMOUREUSE!
C'EST MA DÉCISION, ET PAS LA SIENNE!!!
ARGH!!
Je me souviens qu'elle ne me lâchait pas sur certains sujets :
PILULE
MST
CONTRACEPTION
SIDA
VIRGINITÉ
GYNÉCO
AVORTEMENT
ALORS QUE MA MÈRE, AUJOURD'HUI, ELLE SE RAPPELLE ÇA :
ÈVE, 70 ANS
OH, TU SAIS, MOI JE TRAVAILLAIS BEAUCOUP, J'AVAIS MA VIE... JE ME SOUVIENS PAS QUE J'AVAIS FAIT TOUTE UNE HISTOIRE DE TA PREMIÈRE FOIS!

En tout cas, ce qui est sûr, c'est qu'avant de faire l'amour pour **LA PREMIÈRE FOIS**, je devais respecter un certain protocole :

C'était plus qu'une simple intrusion dans ma vie privée. Ma mère avait naturellement pris en charge la responsabilité de ma **SEXUALITÉ**, comme on lui avait toujours appris à prendre en charge la sienne, en tant que femme. Une « **CHARGE SEXUELLE** »* transmise de mère en fille. Et le plus important pour elle, c'était que je prenne la **PILULE**.

* Notion théorisée par Clémentine Gallot et Caroline Michel dans *La Charge sexuelle* (2020).

LUCIE + CAMILLE

Je me la racontais, mais au fond de moi, j'avais très peur du PÉNIS, cette chose mystérieuse qui avait sa propre existence.
Pourtant, des PÉNIS, il y en avait partout...
FUCK!
YEAH
MADNESS
FNAC CONC
PRÉSENTE : KYO
Mais en VRAI, je ne savais absolument pas à quoi ça ressemblait.
ET ÇA ME STRESSAIT.
BEAUCOUP.
MYSTÉRIUS MASCULUS (500 AV.-J.-C.)
J'avais peur d'être NULLE. Parce que la sexualité, pour moi, c'était une histoire de plaisir mais aussi de PERFORMANCE :
BULLETIN :
MÉDIOCRE
FELLATION = 3/10
MASTURBATION = 2/10
PÉNÉTRATION = 1/10
CUNI = 4/10
iRK!!
J'étais terrorisée à l'idée de mal le toucher, comme si à 14 ANS on était déjà censé savoir comment ça marchait.
Comme s'il y avait un MANUEL, et que c'était pour tout le monde pareil, avec
CE QU'IL FAUT FAIRE
CE QU'IL NE FAUT PAS FAIRE
RÈGLES DU BON COUP.
SEXE EN 5 LEÇONS

En menant cette enquête sur mon adolescence, j'ai dû affronter une question :
ÉTAIS-JE VRAIMENT AMOUREUSE DE CAMILLE ?
SÉRIEUX ?!
MY CHEMICAL ROMANCE
SI ON S'EN TIENT À MON JOURNAL, LES INDICES MONTRENT TOUS QUE J'ÉTAIS FOLLE AMOUREUSE DE LUI...
« J'SUIS TROP AMOUREUSE DE MON AMOUR... »
« JE SUIS SI AMOUREUSE, J'EN PLEURE D'AMOUR... »
« CHUIS VRAIMENT SUPER AMOUREUSE... »
« LUCIE, 14 ANS, GRAVE AMOUREUSE !! »
« JE SUIS FOLLE AMOUREUSE DE LUI, C'EST GÉNIAL... »
MAIS :
Ces effusions amoureuses n'étaient-elles pas la seule manière de justifier mon obsession pour LE SEXE ?
Pouvais-je décemment perdre ma VIRGINITÉ sans être folle amoureuse ??
CAMILLE ÉTAIT-IL L'OBJET D'UN AMOUR SINCÈRE, OU BIEN MON ALIBI POUR PERDRE MA VIRGINITÉ DE MANIÈRE RESPECTABLE ?
SÛREMENT UN PEU DES DEUX...

On venait de rentrer en 3e, on se prenait pour des GRANDS, mais en réalité on était totalement ignorants !
MA COUSINE M'A DIT QU'ELLE AVAIT PERDU SA VIRGINITÉ AVEC UN STABILO, ELLE SAIT PAS COMMENT LA RETROUVER !!
HAN !!
Moi, jusqu'à mes 10 ans, je pensais que FAIRE L'AMOUR, c'était comme ça :
FROTTE
Et je ne savais pas que j'avais un
VAGIN.
HI HI
BARBIE
ET EN PLUS, TENEZ-VOUS BIEN, JE NE VAIS JAMAIS AUX W.C. !
RIEN
HOY NIÑOS, EL SUBJUNTIVO, ABRID VUESTROS MANUALES PÁGINA 42.
ASÍ ES EL MUNDO
PSSST
?
PFFF...
TU T'ES DÉJÀ ENFONCÉ UN STABILO DANS LA FOUF, TOI ?
MAIS ÇA VA PAS OU QUOI ?
BOUFFONNES !
CHUT !
¡BUEN FIN DE SEMANA, TODOS !
ET N'OUBLIEZ PAS, LUNDI : CONTRÔLE SUR LE SUBJONCTIF IMPARFAIT.
...
STABILO BOSS

La sonnerie de **17H30** le vendredi soir annonçait deux possibilités : la première, et malheureusement la plus fréquente, se déroulait quasiment à l'identique **CHAQUE WEEK-END...**

Malgré toutes ces engueulades...
NOUS SOMMES EN 2003 ET VOUS REGARDEZ L'ANCÊTRE D'INTERNET, BONSOIR !
SMACK
... on s'aimait très fort.
LE LUNDI, mon père repartait pour Toulon.
JE SUIS DÉSOLÉ DE M'ÊTRE FÂCHÉ, ÈVE... JE T'AIME.
ET DÉSOLÉ D'ÊTRE UN CON, PARFOIS, LUCIE...
JE T'AIME, VA !

Et PARFOIS, un alignement de planètes inespéré se produisait, mes deux parents s'absentaient pour le week-end. Ce qui donnait un
TOUT AUTRE PROGRAMME...
MAIS C'EST LA JOURNÉE DES SALES CONS CHEZ LES VALMONT ?!
LE SOIR, THOMAS, J.B. ET JONAS ONT DORMI À LA MAISON, ET ILS ONT PRIS DE LA TÉQUILA QUE J'AI MÊME PAS EU LE TEMPS DE BOIRE... ON A VU
SEXE INTENTIONS
CE QUI FAIT QUE J'AI ENVIE DE BAISER, MAIS BON...
MONSTER MUNCH
SARAH "MA STAR" MICHELLE GELLAR

30 SEPTEMBRE :
PFFF...
CHIER !
MA VIE N'EST VRAIMENT PAS PASSIONNANTE...
JE N'AIME PAS LA VIE
ET JE M'ENNUIE
JE HAIS LES MATINS...
J'EN AI MARRE.
J'AIME MA MÈRE, HEUREUSEMENT QU'ELLE EST LÀ !
PAROLE DU JOUR :
Je n'aime pas les cours de Maths.
JOURNÉE DE MERDE.
TOUT LE MONDE M'A SAOULÉE, ET J'ÉTAIS GENTILLE AVEC PERSONNE.
EN PLUS, EN MATHS, MÉLI SE PREND POUR UNE BOSS,
ET J'AI EU UNE NOTE POURRIE → 12,5...
CAMILLE DEVRAIT BIENTÔT ARRIVER, COOL.
(PAR CONTRE, EN ANGLAIS : 19 !)
JE HAIS LA PROF DE GREC, C'EST TROP UNE PÉTASSE AVEC QUI ON S'ENDORT !!!
VOUS RONFLEZ PENDANT MES COURS, MIKAELIAN ?!
SINON, JE M'ENTENDS BEAUCOUP MIEUX AVEC CHLOÉ, ON S'EST TROP BIEN MARRÉES.
SINON, J'AI RIEN À RACONTER, MAIS
JE DÉTESTE TRAVAILLER.

HELLO, CARLA!
MOUAK
MOUAK
Jennyfer
ATTACHIANTE
ON ESSAIE ÇA ?
GRAVE !
INES
EH! TOP!
5 ARTICLES MAX EN CABINE
2
JENNYFER

Mon obsession pour LE SEXE restait relativement secrète.
Celle des garçons était, elle, plus visible...
ET MÊME SI ON NE DISAIT PAS CE MOT À L'ÉPOQUE, PARFOIS TOXIQUE.
BRIT-BRIT
HM BABY CAN'T YOU SEEEE ♫
ELLE, JE LUI METS: 4/10 POUR LA TÊTE, 6/10 POUR LES FESSES, 7/10 POUR LES SEINS!
HA HA!
Dans la cour de récré, nos corps de jeunes filles étaient mis à la disposition du regard des garçons : NOTÉS, ÉVALUÉS, DÉPRÉCIÉS → mis en compétition les uns avec les autres.
LUCIE, TOI, C'EST 10/10 POUR LES SEINS, MAIS LES FESSES, T'AS PAS LA MOYENNE!
C'EST DOMMAGE QUE T'AIES PAS DE FESSES QUAND MÊME...
ELLE, C'EST: 2/10 LE VISAGE, 8/10 LE CUL, ET 9/10 LES SEINS!
C'EST UNE CREVETTE!
POURQUOI IL A DIT QUE C'EST UNE CREVETTE, ELLE SENT MAUVAIS?
NON, PARCE QUE...
« TOUT EST BON, SAUF LA TÊTE! »
...
...
ZÉRO FESSES

RDV AVEC CAMILLE : H-10
VENDREDI 3 OCTOBRE
JE SUIS TROP AMOUREUSE DE LUI
PSHIIIIT
ENVIE DE BAISER !!
GRATT GRATT
LULU : T OÙ ?
PK TU RÉPONDS PAS
CAM : DSL J'AI OUBLIÉ
- ON SE VOIT CE WEE-KEND ?
- T'TE PROMETS LE 7e CIEL ;-)
!!!
MARRE, MARRE, MARRE DES LAPINS !! IL EST PAS VENU, IL ME L'A DIT AU DERNIER MOMENT !!
J'EN AI MARRE !!!
MARRE DES LAPINS, ENCORE PLUS DES RÂTEAUX QUE DES ANIMAUX !!
EN PLUS, JE PEUX PAS LE VOIR CE WEEK-END, BIEN FAIT POUR SA GUEULE !!
ENFIN, LA VIE EST MAL FAITE.
EN PLUS, JE ME SUIS ÉPILÉE POUR RIEN !
JOURNAL INTIME
LAISSE PARLER LES GENS

À 14 ANS, je suis au tout début d'années de négociations avec moi-même, d'allers-retours avec l'envie de me laisser aller à

L'AMOUR

et l'affirmation d'un

MOi
- LIBRE
- ÉPANOUI &
- INDÉPENDANT,

avec le sentiment flou que ces deux choses ne vont pas pouvoir être compatibles...

D'UN CÔTÉ : **LA SOUFFRANCE** et **L'ATTENTE** ont l'air d'être la confirmation que je vis un amour romantique & véritable.

DE L'AUTRE : J'ai du mal à comprendre pourquoi je dois en passer par là.

J'AI LE SENTIMENT DIFFUS QUE L'AMOUR & LE COUPLE DÉFINIRONT DANS LE FUTUR UNE GRANDE PARTIE DE MON EXISTENCE.

À cette époque-là, j'ai peu de modèles féminins qui ne soient pas renvoyés à leur rôle de **MÈRE**, ou définis par les **HOMMES** qui partagent leur vie.

Autour de moi et dans les médias, il y a peu de femmes cheffes d'entreprise, de femmes politiques,

peu de **MODÈLES ÉMANCIPÉS** sur lesquels je peux m'appuyer.

À la T.V les représentations populaires vont dans ce sens.
UN GARS UNE FILLE
PAR EXEMPLE, diffusé juste avant le J.T. de 20H, c'était LOIN d'être un modèle de couple moderne...
Et comme 7 MILLIONS de Français, j'ai regardé des heures de clichés sexistes
"CHOUCHOU & LOULOU"
DIS, LOULOU, SI JE ME FAISAIS KIDNAPPER ET QU'ON TE DEMANDAIT UNE RANÇON, TU FERAIS QUOI?
JE LAISSERAIS PASSER UNE JOURNÉE, LE TEMPS QU'ILS RÉALISENT QUE T'ES CHIANTE!
MÉCANO
JARDIN & VOUS
La synthèse de tout ça, elle est incarnée par deux femmes qui ont beaucoup compté pour moi, jusqu'à mes 25 ans :
BRIDGET JONES & CARRIE BRADSHAW
Deux femmes (bourgeoises et privilégiées, comme moi, je sais) qui passent leur temps à chercher l'amour tout en faisant semblant de ne pas le chercher.
Qui veulent être LIBRES mais occupent la majeure partie de leur temps à penser à des MECS.
LA PARFAITE ILLUSTRATION de ce qu'il me semblait devoir faire : être définie par des histoires d'amour, mais ne pas le dire trop fort pour ne pas paraître niaise aux yeux du monde...

DIMANCHE 5 OCTOBRE
14:18
14:20
CLIC
14:23
14:27
CLIC
HE WAS A SKATER BOY
SHE SAID SEE YOU LATER BOY
OOOH, MONSIEUR SHEFFIELD!
ÉCOUTEZ, FRAN...
IMAGINE, ON A 20 ANS...
TU CROIS QU'ON SERA TOUJOURS MEILLEURES COPINES ?
BAH, GRAVE.
T'ES FOLLE OU QUOI ?

Mes amies, qui n'avaient aucune idée des bouleversements que je traversais, m'aidaient à garder une certaine innocence dans ce monde qui changeait trop vite pour moi.

En attendant **LE GRAND JOUR**, on essayait des trucs avec Camille. J'étais particulièrement obsédée par **LE CUNI**
Une pratique qui symbolisait pour moi la **Liberté Sexuelle** et la prise de pouvoir...

...J'allais bientôt devenir une "femme" et j'affirmais mes désirs...

Le CUNI, c'était même l'objet de mon
FANTASME N°1
MARDI PROCHAIN :
ANNIF LE BELGE
18 ANS
le fils d'un ami de mes parents vu 3 fois dans ma vie
Image de femme dominée inspirée par l'esthétique "PORNO CHIC" des années 2000
MON FANTASME AVEC LE BELGE (ENFIN PAS QU'AVEC LUI, MAIS VU QUE C'EST LE SEX APPEAL N°1 DE MA LISTE) : QU'IL ME FASSE UN CUNI ALORS QUE JE SUIS MENOTTÉE SUR UN LIT EN FER
MARVIN GAYE
Image de femme dominante inspirée par les vieux magazines porno des années 90 cachés dans le bureau de mon père.
SOUPIR
QUAND JE PENSE QU'ON A FAILLI SORTIR ENSEMBLE...
"JE N'AI RIEN À CACHER" BEN

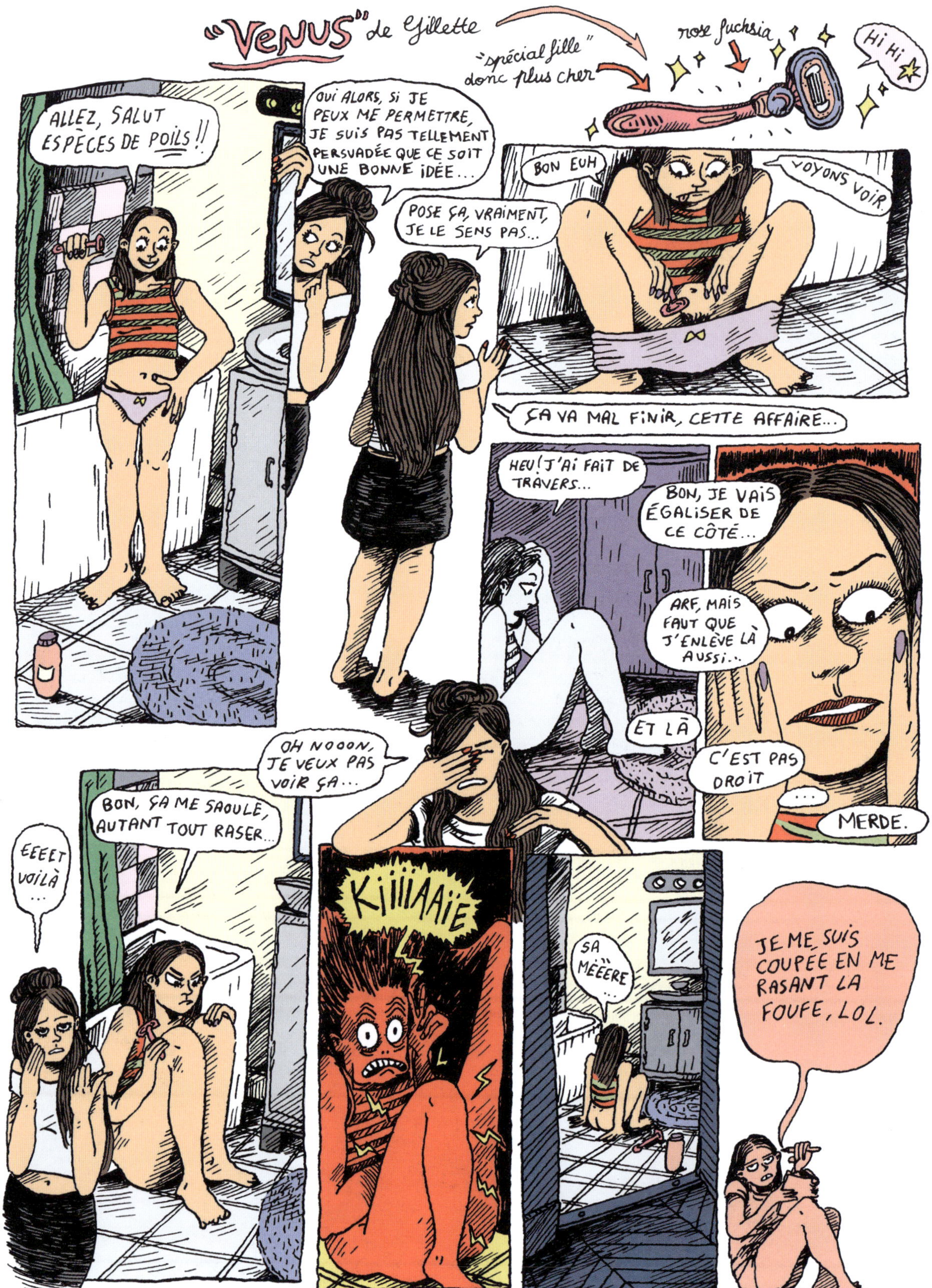
"VENUS" de Gillette
"spécial fille" donc plus cher
rose fuchsia
Hi Hi
ALLEZ, SALUT ESPÈCES DE POILS !!
OUI ALORS, SI JE PEUX ME PERMETTRE, JE SUIS PAS TELLEMENT PERSUADÉE QUE CE SOIT UNE BONNE IDÉE...
POSE ÇA, VRAIMENT, JE LE SENS PAS...
BON EUH
VOYONS VOIR
ÇA VA MAL FINIR, CETTE AFFAIRE...
HEU ! J'AI FAIT DE TRAVERS...
BON, JE VAIS ÉGALISER DE CE CÔTÉ...
ARF, MAIS FAUT QUE J'ENLÈVE LÀ AUSSI...
ET LÀ
C'EST PAS DROIT
...
MERDE.
OH NOOON, JE VEUX PAS VOIR ÇA...
BON, ÇA ME SAOULE, AUTANT TOUT RASER...
EEEET VOILÀ...
KIIIIAAIE
SA MÈEERE...
JE ME SUIS COUPÉE EN ME RASANT LA FOUFE, LOL.

J'avais mes RÈGLES depuis mes 12 ANS.
2001
Hiiiiiiiiii
TRUC DE OUUUF
Depuis, CHAQUE MOIS, à chaque petite tache de sang, je me disais :
JE SUIS UNE FÂÂÂME !
UNE MAIGRE CONSOLATION, COMPARÉE...
AUX CRAMPES...
FIG. 1
... AUX BALLONNEMENTS & PROBLÈMES DIGESTIFS (TROP SOUVENT IGNORÉS)...
!!
FIG. 2
... ET AUX ÉPISODES DÉPRESSIFS À J-2.
FIG. 3
MAMAN, JE ME SENS NULLE !!
IL N'Y A PAS DE RAISON, TU ES MERVEILLEUSE !

PUISQU'ON EST JEUNES ET CONS, PUISQU'ILS SONT VIEUX ET FOUS...
CLARK GABLE - VIVIEN LEIGH
EST-CE QUE JE DOIS LUI DIRE QUE J'AI MES RÈGLES ?
C'EST DOMMAGE, J'ÉTAIS PRÊTE À ALLER PLUS LOIN
J'ESPÈRE QUE JE VAIS BANDER
MAIS EN MÊME TEMPS LE SANG, ÇA ME DÉGOÛTE...
J'ESPÈRE QUE SON SOUTIF EST PAS TROP GALÈRE À DÉGRAFER
... ET JE METTRAIS OÙ MON TAMPON ?!
SI JAMAIS JE SENS QUE JE VAIS JOUIR JE...
ET SI
IL FAUT QUE JE PENSE À MA GRAND-MÈRE POUR PAS ÉJACULER TROP VITE
ET
SI JAMAIS IL A PAS ENVIE JE FAIS QUOI
EN MÊME TE
IL FAUDRAIT
J'ESPÈRE QU'IL VA BANDER
IL FAUT PAS QUE
TU AS DÉJÀ ACHETÉ DES CAPOTES ?
!!
TU VEUX FUMER UN JOINT ?
HEU... NON, 'FIN J'AI JAMAIS ESSAYÉ.
CLARK GABLE - VIVIEN LEIGH
J'AI ENVIE DE LE SUCER... POURQUOI ? J'SÉ PAS.
EN TOUT CAS, J'AI PAS ENVIE KIL ME DOIGTE.
P.-S. : CAMILLE AVAIT PAS DE CAPOTES. PENSER À EN ACHETER.

LUNDI 6 OCTOBRE
20/20, PARFAIT.
ROSA
ROSA
ROSAM
ROSAE
ROSAE
ROSA
WOW !
20/20, BRAVO, MIKAELIAN !
Bel ami : rédaction
YES !
9/20
15/20, C'EST BIEN, LUCIE.
MASCULIN FEMI
NOMINATIF ὁ ἡ
ACCUSATIF τὸν τὴν
GÉNITIF τοῦ τῆς
DATIF τῷ τῇ
PSSST !
TROP UNE FAYOTE, LUCIE.
TROP.
JOURNÉE NORMALE :
20 EN LATIN
20 EN FRANÇAIS
15 EN GREC
GNIIIIIH...
J'AI ENVIE DE
BAISER...

WOW, LES BELLES FESSES !
Aubade...
POURQUOI LES MIENNES SONT PAS COMME ÇA ?
...faites-lui tourner la tête !
ON DIRAIT CELLES DE CARLA...
MAMAN, ON PEUT ALLER CHEZ H&M ?
JE PEUX PRENDRE ÇA ?
ÇA VA EN CE MOMENT, MA CHÉRIE ?
HMM...
TU ME DIS SI IL SE PASSE DES CHOSES DANS TA VIE...
CABINES
IL NE FAUT JAMAIS SE PRÉCIPITER, TU SAIS, HEIN. TU AS TOUT TON TEMPS...
MAIS LAISSE-MOI TRANQUILLE, MAMAN, TU ME LE RÉPÈTES TOUS LES JOURS !!
JE DIS ÇA POUR TON BIEN !!
T'AS PAS UN PEU MINCI ? ET TES SEINS ONT GROSSI, DIS DONC, MADAME !
C'EST BIEN, T'ES JOLIE COMME ÇA...
H&M
H&M
H&M
...J'avais l'impression d'être un brouillon de la Femme Aubade...

le MARDI 14 OCTOBRE c'est MON ANNIVERSAIRE
En salle de permanence, je me tais. Si ce que tu as à dire n'est pas plus beau que le Silence, alors tais-toi.
ZZZZ
BAILLE
TU PEUX ME PASSER TON AGENDA ?
AGENDA
PIN-UPS
12 GLAMOUR GIRLS
MARILYN MONROE,
la meuf la plus désirée et la plus malheureuse du monde...
ENCORE UNE BELLE ICÔNE DE MA JEUNESSE, LOL.
MARDI 14 OCTOBRE
2003
JOYEUX ANNIF !!
B
IG
ISOU
IEN
AVEUX
ELLE
RUNE
ONNASSE !!
BRIGITTE
RIEN À DIRE À PART QUE T'ES MA BEST
MÉLANIE
HAPPY BIRTHDAY
T 1 FILLE GÉNIALE
SMACK
Lulienne
JONAS
LOYALE
UNIQUE
CHIANTE (PARFOIS!)
INDÉPENDANTE
EXTRAVERTIE
MÉLISANDE
on se dit pas tt, mais on se dit des truk de filles... des truk de nous des truk que je fais qu'avec toiiiii
LOVE YOU
THOMAS
YO!
Euh bah voilà je sais pas trop quoi dire à part que j'te kiff de OUF reste comme t'es!
MA PTITE LULU... ON NE SE CONNAIT PAS TRÈS
BIEN, MAIS QUAND TU M'AFFICHES UN GRAND
SOURIRE J'AIME ÇA... JE T'AIME MÊME SI ON
SE CONNAÎT À PEINE...
J'AIME NOS TRUK QUI VEULENT RIEN DIRE
SUR MSN... J'AIME KAN ON SE PARLE
DANS LES COULOIRS LE MERCREDI
AVEC TOI PARFOIS JE NE PARLE PAS MAIS
ON SE COMPREND...
Notre relation n'est pas forcément avancée mais au moins on s'engueule pas! Une engueulade ? Mais pourquoi on s'engueulerait ?
JE T'EMBRASSE MA BELL GOSSSS
AGENDA

Je me masturbais fréquemment depuis la 4e.
SALUT, C'EST DIFOOL SUR SKYROCK RADIO, ON SE RETROUVE POUR UNE 10...
J'étais devenue en quelques mois obsédée par la MASTURBATION
Je dessinais des filles qui se masturbaient PARTOUT.
EN 2003, le CLITORIS était encore un grand mystère, et la masturbation TABOUE. ET il n'y avait pas encore le WOMANIZER®
PETIT OBJET MERVEILLEUX VENDU À PLUS DE 4 MILLIONS D'EXEMPLAIRES
HIIIIN LOVE TO LOVE YOU BÉBÉE ♪♫
Femina ♀♂
SONDAGE:
9 HOMMES SUR 10 DÉCLARENT SE MASTURBER, CONTRE 3 FEMMES SUR 10!
NOS EXPERTS SEXO SE PENCHENT SUR LA QUESTION:
Je ne comprenais pas pourquoi on disait que c'était un truc de GARÇON...
HEIN?
JE TE DIS: SYMPAS TES BASKETS!
PARDON?
VOUS POUVEZ RÉPÉTER LA QUESTION?
IL A DIT QUOI?
?
DE QUOI?!
HEIN?
KESKI DIT?
... Ni pourquoi on disait que ça rendait SOURD.
« Il ne faut rien dire sur la masturbation, après tout, c'est faire l'amour à quelqu'un qu'on aime. »
Woody Allen
ÉVIDEMMENT, je ne savais pas ce qu'on pouvait reprocher à WOODY ALLEN à ce moment-là...

Plus l'année avançait, plus j'avais envie de FAIRE L'AMOUR avec CAMILLE. Ou plutôt, de perdre ma VIRGINITÉ...
J'y pensais TOUT LE TEMPS :
POURQUOI IL VEUT PAS ME FAIRE DE CUNI ?
J'AI ENVIE DE LE SUCER...
J'AI ENVIE DE BAISER...
LA SODOMIE, C'EST DÉGUEULASSE !!!
HHHH !!!
COMMENT LE FAIRE BANDER ?!
...MAIS S'IL VEUT, POURQUOI PAS...
JE CONSACRAIS DES ESPACES ENTIERS À MES PENSÉES SEXUELLES DANS MON JOURNAL INTIME :
ESPACE CUL :
MOI + CAMILLE = CUNI
BEN ME DONNE DES SUPER CONSEILS !
* DIRE À CAMILLE :
- PAS TROP APPUYER
- BIEN ME CHAUFFER AVANT LE JOUR J
J'en parlais avec BEN, la seule personne que je connaissais qui n'avait pas 100 000 ANS et qui avait perdu sa virginité récemment.
AVEC ADÈLE, EN 4e !
TU VAS VOIR, ÇA FAIT UN PEU MAL LA PREMIÈRE FOIS...
MAIS APRÈS, TU T'HABITUES !
AH ?
CROC
CROC
CROC
CROC
CROC
CROC
CROC
+ BEN M'A DIT QUE J'ÉTAIS CANON... ÇA FAIT TOUJOURS PLAISIR !

01:20

Pendant les vacances de la Toussaint, j'étais allée voir KEN PARK de LARRY CLARK. Un film qui racontait la vie d'ados californiens maltraités physiquement et sexuellement par des adultes.
ET OF COURSE, INTERDIT AUX MOINS DE 18 ANS...
SÉLECTION OFFICIELLE 2002
VENISE • TORONTO • ROTTERDAM
ken park
Le film se terminait par une très longue scène d'éjaculation pendant une autostrangulation... Il avait fait POLÉMIQUE.
23 OCTOBRE
ON FAIT PLUS DE 18 ANS, LÀ, NON ?!
GRAAAVE.
LOLITA
... T'ES SÛRE ?
HEU...
NON, J'SAIS PAS...
DEUX-PLACES-POUR KEN-PARK-S'IL-VOUS PLAÎT-MONSIEUR...
SALLE 8.
ZZZ
!!
!!
ALORS KEN PARK C BIEN GORE ...
GRATTE GRATTE
...ET APRÈS UN TRUC SI GORE, J'AI PAS RÉUSSI À ORGASMER !
ET ÇA FAIT CHIER !!!

WEEK-END À PRAGUE
SAMEDI 25 OCTOBRE
ON DEVAIT PARTIR À 9H55 ET FINALEMENT ON PART À 10H55 ! ON EST À
ROISSY 2E
C'EST CARRÉMENT GIGANTESQUE, Y A PLEIN DE TRUCS !!
česká republika
PRAHA C'EST SUPER ! TROP TROP BEAU !
EN PLUS, JE M'ENTENDS TROP BIEN AVEC
PAPA ET MAMAN !!
DONC TOUT VA BIEN ALORS QU'IL FAIT TROIS DEGRÉS !
BRRR !
PAR CONTRE
MON CHÉRI D'AMOUR ME MANQUE TROP
JTM
ET LA BOUFFE EST DÉGUEU !
BERK
J'AIME BIEN LES IMMEUBLES ICI
AVEC MAMAN, ON A UNE PETITE SUITE, LA CLASSE
CHUIS CREVÉE, BONNE NUIT
OUAH !
P.S. : TROP DRÔLE, À UN MOMENT ON PARLAIT DE PIERCINGS ET PAPA ET MAMAN ONT DIT :
DE TOUTE FAÇON, TU VEUX TOUJOURS TOUT FAIRE TROP TÔT !!
TROP COMIQUE
DIMANCHE 26 OCTOBRE
51,5 KG
TICKET DE BUS
24 Kč
PRAŽSKY HRAD - PRAGUE CASTLE
250 Kč

9H30
MAMAN A RONFLÉ TOUTE LA NUIT!!
DONC J'AI DORMI DANS LA BAIGNOIRE
ZZZZ
CHUIS MORTE
ET G MAL AU DOS
9H - 15H : BOUFFE DÉGUEU ET PREMIER HOT DOG
QUAF
15H50
ON A FAIT 4H DE VISITE, PUIS DÉJEUNÉ AU RESTO.
PRAGUE, C'EST VRAIMENT SUPER BEAU.
IL FAUT QUE JE PERDE 2 KG.
À PARTIR DE MAINTENANT, JE BOUFFE AUCUNE SALOPERIE.
POUR DE VRAI.
LE SOIR :
CONCERT À SAINT-NICOLAS. ENNUYEUX MAIS MAGNIFIQUE. J'AI FAIT LE PLEIN DE MUSIQUE CLASSIQUE POUR 10 ANS !!
MAMAN
ATCHOUM
MOI
BLANCHE-NEIGE
PAPA
GRINCHEUX
"BLANCHE-NEIGE & LES DEUX NAINS"
LUNDI 27 OCTOBRE
MAMAN ME SAOULE !!!
TIC TAC
TIC TAC
JE SUIS PRÊTE (JE SUPPOSE QUE PAPA AUSSI) ET ON NE FAIT QUE L'ATTENDRE POUR ALLER SE BALADER EN VILLE !!
SINON, JE NE RÉAGIS PLUS AUX (TIENS-TOI BIEN !) ET TOUT DE PAPA, ON S'EN PORTE PAS PLUS MAL.
LIVRE DU MOMENT
EMILY BRONTË
LES HAUTS DE HURLEVENT
GÉNIAL
PRÉFÉRAIS-JE QUELQU'UN DE MALIN, D'INTELLIGENT ET QUI A L'ESPRIT MAL PLACÉ ET PENSE BEAUCOUP AU Q (GENRE LES GENS DU FILM LES INVASIONS BARBARES) OU QUELQU'UN D'UN PEU MOINS INTELLIGENT MAIS SAIN D'ESPRIT ?
JE FAIS DES RÊVES DE Q AVEC BEN.
MON SUBCONSCIENT ME TROUVE DES PARTENAIRES SEXUELS.
OH, BÉBÉ
MAMAN EST TROP ZARB PARFOIS.

RETOUR À PARIS...
EH, COMMENT T'ES BONNE, TOI !
TU VEUX UN BÉDO ?
POURQUOI TU RÉPONDS PAS ???
VIENS LÀ !!!
VIENS M'EMBRASSER !!!
Un inconnu qui a bien voulu m'aider
EH ! MAIS TU ÉTAIS OÙ ? JE TE CHERCHAIS !
SLOWDIVE
SLOWDIVE
JE ME SUIS FAIT AGRESSER PAR UN MEC DE 20/25 ANS BOURRÉ, QUI VOULAIT ME FAIRE FUMER ; IL AURAIT PU ME VIOLER !!
CONNARDS DE MECS QUI NOUS ATTENDENT AU COIN DE LA RUE !!!!

J'avais **14 ANS** et, en quelques mois, le **DÉSIR** est devenu l'**ALPHA** et l'**ΩMÉGA** de ma vie.

LE DÉSIR :
- des autres
- celui de mon amoureux
- celui des **GARÇONS** de ma classe (un peu lourd)
- celui des **HOMMES** dans la rue (parfois violent)

ET PUIS SURTOUT LE MIEN.

Un **DÉSIR** qui se nourrit justement de tous ces regards, de tous ces gestes, de ces mots, et que je commence à apprivoiser. Certaines filles autour de moi rejetaient VIOLEMMENT ce corps qui poussait dans tous les sens et attirait **L'ŒIL.**

MOI, j'avais complètement intériorisé ce **REGARD MASCULIN** qui m'objectifiait.

Paradoxalement, j'existais **PAR** cette objectification et ça me plaisait. Ça me rassurait même d'être **REGARDÉE**, d'être **COMMENTÉE**, d'être **SOUS PRESSION.**

Ça validait mes insécurités de jeune fille qui devenait ADULTE.

J'AI FAIT UN SUPER RÊVE, J'AI RÊVÉ QUE JE DORMAIS AVEC CAMILLE TOUTE UNE NUIT...
...ET QUE JE L'AIMAIS TANT.....
...ET QUE C'ÉTAIT GÉNIAL...
...QUE LE MOMENT OÙ ON ALLAIT FAIRE L'AMOUR ARRIVAIT...
...ET QUE L'AMOUR ÉTAIT
TROP PUISSANT
JE L'AIME ET J'AI ENVIE DE FAIRE L'AMOUR AVEC LUI, PAS QUE DE BAISER.

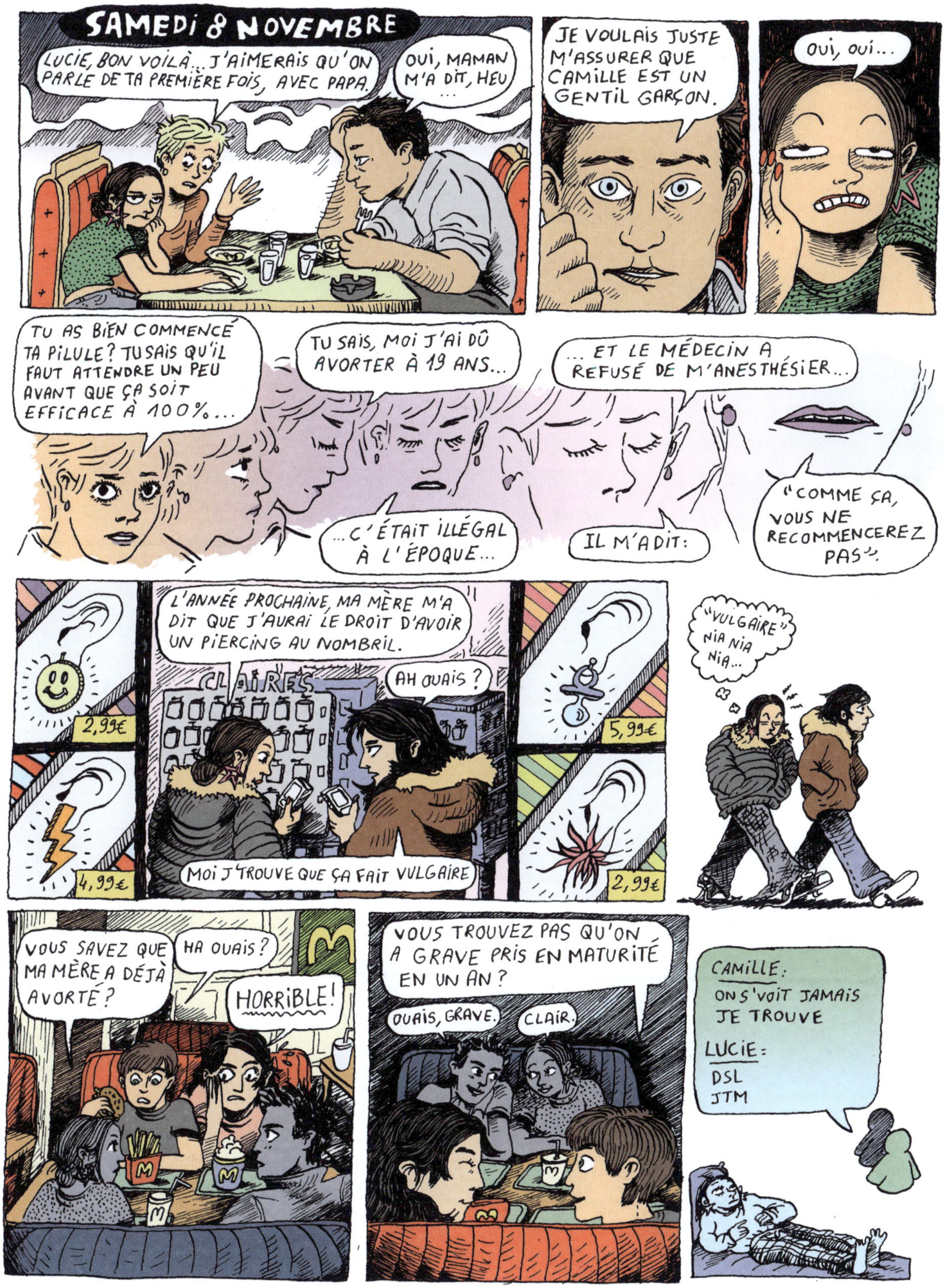
SAMEDI 8 NOVEMBRE
LUCIE, BON VOILÀ... J'AIMERAIS QU'ON PARLE DE TA PREMIÈRE FOIS, AVEC PAPA.
OUI, MAMAN M'A DIT, HEU ...
JE VOULAIS JUSTE M'ASSURER QUE CAMILLE EST UN GENTIL GARÇON.
OUI, OUI...
TU AS BIEN COMMENCÉ TA PILULE? TU SAIS QU'IL FAUT ATTENDRE UN PEU AVANT QUE ÇA SOIT EFFICACE À 100%...
TU SAIS, MOI J'AI DÛ AVORTER À 19 ANS...
...C'ÉTAIT ILLÉGAL À L'ÉPOQUE...
... ET LE MÉDECIN A REFUSÉ DE M'ANESTHÉSIER...
IL M'A DIT:
"COMME ÇA, VOUS NE RECOMMENCEREZ PAS".
2,99€
4,99€
L'ANNÉE PROCHAINE, MA MÈRE M'A DIT QUE J'AURAI LE DROIT D'AVOIR UN PIERCING AU NOMBRIL.
CLAIRES
AH OUAIS ?
MOI J'TROUVE QUE ÇA FAIT VULGAIRE
5,99€
2,99€
"VULGAIRE" NIA NIA NIA...
VOUS SAVEZ QUE MA MÈRE A DÉJÀ AVORTÉ?
HA OUAIS?
HORRIBLE!
VOUS TROUVEZ PAS QU'ON A GRAVE PRIS EN MATURITÉ EN UN AN?
OUAIS, GRAVE.
CLAIR.
CAMILLE:
ON S'VOIT JAMAIS JE TROUVE
LUCIE:
DSL
JTM

DIMANCHE 9 NOVEMBRE
VOUS ÉCOUTEZ FRANCE CULTURE, IL EST 11H ET C'EST L'HEURE DE L'ESPRIT PUBLIC...
ON FAIT DES MATHS APRÈS, MA CHÉRIE ?
GLUPS
LA PROCHAINE FOIS, JE ME CASSE.
SGNIF

MARDI 11 NOVEMBRE

1er essai

J'ai 14 ans, et je découvre à mon tour « **LA CHARGE SEXUELLE** » : la charge mentale de la sexualité de notre couple. Je me sens à la fois responsable de notre contraception (PILULE tous les jours à **20H**, m'assurer que Camille aura des capotes le **JOUR J**), mais aussi du **DÉSIR** de Camille pour moi (m'épiler, prendre la faute sur moi s'il ne bande pas...). Une charge psychologiquement épuisante, qui m'éloigne de la question de mon **PLAISIR**, et qui me poursuit encore adulte...

À partir de ce moment-là, je n'ai qu'un seul objectif :

ENTERRER L'ÉCHEC CUISANT DE LA VEILLE.

VENDREDI 14 NOVEMBRE
TRYO, C'ÉTAIT TROP BIEN !! OUIN !! J'VEUX Y RETOURNER !!!
JE BOSSE CE SOIR POUR POUVOIR FAIRE L'AMOUR AVEC CAMILLE
LOL
PFFF... DEMAIN, JE BAISE !
YIHAH !
SAMEDI 15 NOVEMBRE
SI TU ES NÉ DANS UNE CITÉ HLM
BON BREF, J'AI TROP DE BOULOT, ÇA ME GAVE.
SINON MOI G RIEN À DIRE, À PART QUE J'ESPÈRE NE PLUS ÊTRE VIERGE CE SOIR...
ET QU'Y A LA FÊTE DE JO', J'PENSE QUE ÇA VA PAS ÊTRE GÉNIAL. PAS GRAVE.
BÉDAVE ?
→ OUAIS, MAIS AVEC QUI... PAS AVEC LES POTES DE CAMILLE. ILS SONT BÊTES.
LUNDI, ÇA FAIT 6 MOIS ! OH, OH, OH, OH...
DIMANCHE 16 NOVEMBRE
POURQUOI TOUT LE MONDE ME PREND LA TÊTE ?!
DONC HIER : CAM ME DÉSHABILLE, JE LE BRANLE UN PEU, PUIS IL ME PÉNÈTRE, ET... AÏE !
ET JE PRÉFÈRE PAS CONTINUER.
CHUIS VIERGE À MOITIÉ.
C'EST TIP TOP COOL !!!
PFFF, C'EST NUL DE BOSSER...
MARRE DE CES DIMANCHES APRÈM DE MERDE.
CHUIS UNE BOSS :
→ J'AI BRANLÉ
→ ON M'A MIS DES DOIGTS
→ ON M'A CUNIÉE
→ ON M'A MASTURBÉE
MANQUE PLUS QUE... XXX
J'AIME TRYO
LUNDI 17 NOVEMBRE
6 MOIS → MON RECORD DE TOUS LES TEMPS !!!
MIEUX VAUT ÊTRE UNE FILLE GÉNIALE, OU COMPLÈTEMENT ÉCARTÉE DES AUTRES ET QUI LAISSE PLACE AU MYSTÈRE...
PUTAIN, IL PLEUT... JE CONNAIS LA VIE D'UNE SERPILLIÈRE EN CE MOMENT.
DÈS QUE JE PARLE PLUS DE 10 MIN AVEC PAPA, JE CHIALE.
IL ME SAOULE
MARDI 18 NOVEMBRE
BEN DIT À TOUT LE MONDE QUE J'AI COUCHÉ AVEC CAMILLE ET IL SE PREND POUR UN ROI !!!
CONNARD !!

MERCREDI 19 NOVEMBRE
J'L'AI
FAIT

DEUXIÈME PARTIE

NOVEMBRE - DÉCEMBRE

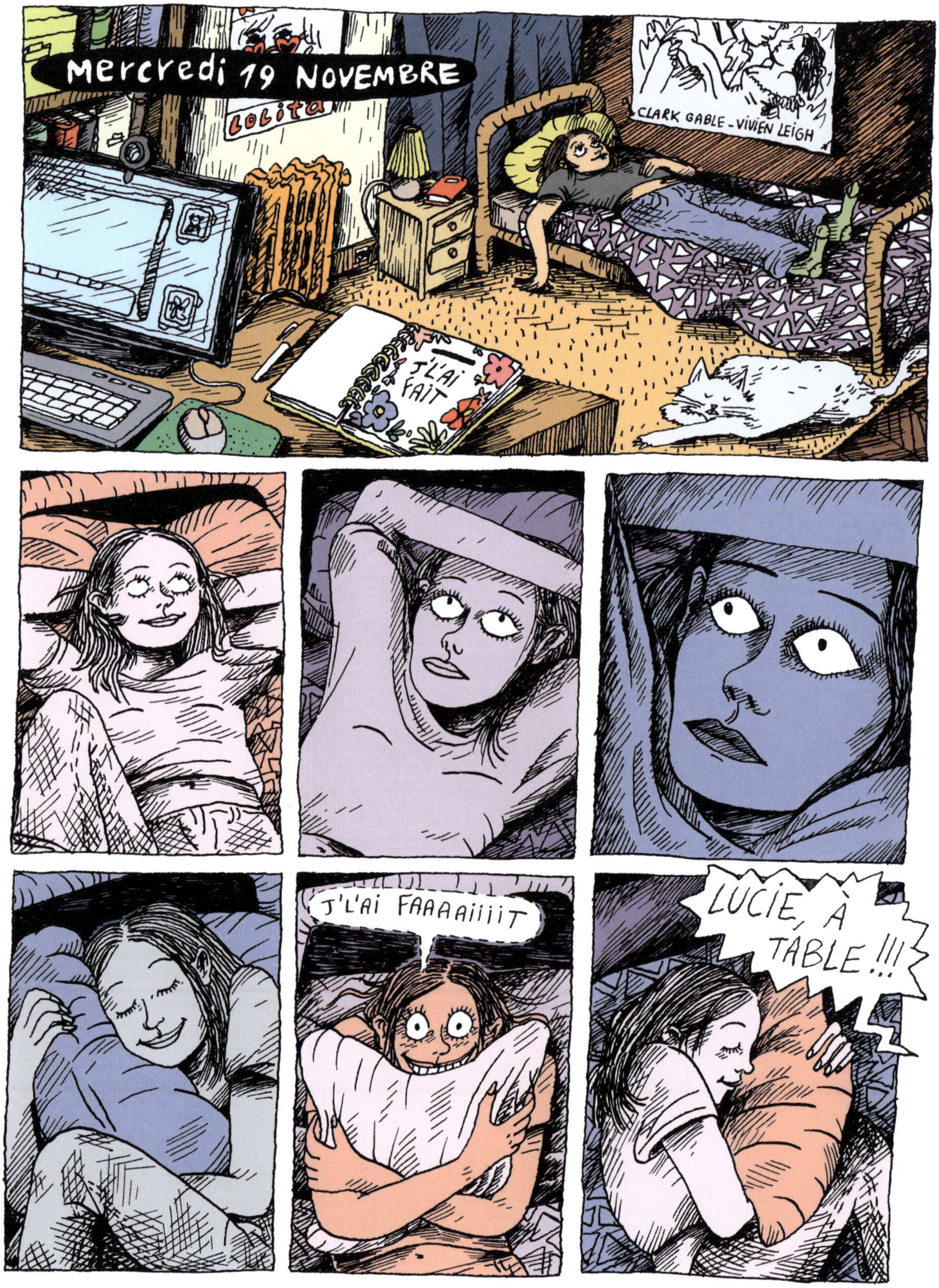
Mercredi 19 NOVEMBRE
LOLITA
CLARK GABLE - VIVIEN LEIGH
J'L'AI FAIT
J'L'AI FAAAAiiiiiT
LUCIE, À TABLE !!!

ÇA VA, MA LOULOU ?
OUI, OUI, SUPER.
!!

ÇA Y EST, TU L'AS FAIT?
OUI.
NON, MAIS LUCIE, ON AVAIT DIT QU'IL FALLAIT ATTENDRE.
J'AI TOUT FAIT COMME TU AS DIT!!! JE SUIS ALLÉE CHEZ LA GYNÉCO, J'AI PRIS LA PILULE, ON A MIS UNE CAPOTE!!!
JE L'AIME!!
J'AI TOUT RESPECTÉ!!!
JE SUIS FOLLE AMOUREUSE DE LUI!!!
J'AI TOUT BIEN FAIT!!!
DE TOUTE FAÇON...
...TU COMPRENDS RIEN!!!
VLAM!!
JE COMPRENDS PAS POURQUOI PAPA ET MAMAN M'ONT SAOULÉE AVEC MA PREMIÈRE FOIS. ÉVIDEMMENT, C'ÉTAIT PAS «GÉNIAL» MAIS C'ÉTAIT PAS LA MORT. T'AS MAL 5 SECONDES ET APRÈS ÇA SE PASSE BIEN.
ET PUIS JE SUIS AMOUREUSE. ILS M'EN ONT FAIT TOUT UN FROMAGE, ALORS QUE VRAIMENT J'VOIS PAS POURQUOI. P'-ÊTR' QUE LEURS EXPÉRIENCES SE SONT MAL PASSÉES. (MAMAN A QUAND MÊME ATTENDU 19 ANS.) VOILÀ.

ALORS, TU L'AS FAIT ???!!
20 NOVEMBRE
OUI.
À peine ces mots prononcés, j'étais comme détachée d'elles :
MOI, j'étais "une vraie femme", et ELLES, "juste des filles de 3e 5".
T'AS EU MAL ?
T'AS GARDÉ LA LUMIÈRE ALLUMÉE ?
ÇA A DURÉ COMBIEN DE TEMPS ?
IL T'A MIS COMBIEN DE DOIGTS ?
T'ÉTAIS ÉPILÉE ?
THEU THEU
FRANCHEMENT, ÇA FAIT UN PEU
MAL, MAIS APRÈS, ÇA PASSE, ET ON
ÉTAIT DANS LE NOIR, DONC IL A
VU MA TÊTE, J'AVAIS UN SOUTIF STYL
LUI IL A ÉJACULÉ MÊME SI
AVE
DON
VOI
ET P
TA MÈRE, ELLE A GRILLÉ ?
DRRRiiiiiiiiiiiNNNG !!!
TU CROIS QUE LES VOISINS ONT ENTENDU ?
VOUS VOUS REVOYEZ QUAND ?
TROP HÂTE DE LE REFAIRE, JE PENSE SAMEDI APRÈM CHEZ LUI, SES PARENTS SONT PAS LÀ !

CETTE FOIS-CI, ON L'A VRAIMENT FAIT !
MYTHO, TU L'AS PAS FAIT.
EUH, SI, ET ÇA A DURÉ 1HEURE !
BEN MOI, C'ÉTAIT 1H30 LA PREMIÈRE FOIS...
J'L'AI SUCÉ PENDANT 20 MINUTES.
J'AI TROP KIFFÉ. J'AI ORGASMÉ TROIS FOIS.
OUAIS OUAIS...
J'SUIS SÛR QUE T'AS FAIT LA PLANCHE.
NAN, JE L'AI FAIT EN MISSIONNAIRE.
ET SUR LUI.

Quand j'étais adolescente, tout allait très vite : les petits événements se mélangeaient avec les grands, comme si tout se valait.

Le **11 SEPTEMBRE 2001**, j'avais **12** ans. Assise devant ma télé après les cours, j'avais assisté en même temps qu'une partie du monde au début du XXIe siècle. Deux ans plus tard, les États-Unis déclaraient la guerre à l'Irak.

On en parlait à l'école...

... et à la maison.

JE VOUDRAIS CRÉER UN PARTI POLITIQUE OÙ TOUT LE MONDE SERAIT CONTENT !
JE VOUDRAIS UN PARTI UNIQUE, MAIS PAS POUR CENSURER LES AUTRES, MAIS POUR QUE CE PARTI SOIT BON POUR TOUS.
JE SERAIS : NI À DROITE NI À GAUCHE...
ET PAS D'IDÉES EXTRÊMES !
... ET AVEC QUE DE BONNES IDÉES = FAIRE PASSER DES TESTS DE BIENVEILLANCE À MON GOUVERNEMENT !
MIA !
... MAIS ÇA SERAIT UNE DICTATURE... NON ?

On s'aimait, tous les deux. Je découvrais ce qui m'apparaissait comme le modèle absolu du couple... Mais, plus que l'amour, le plus **IMPORTANT**, c'était...

LE SEXE !
Contrairement à ce que je racontais à BEN, depuis que j'avais perdu ma virginité, le 19 NOVEMBRE dernier, j'avais dû faire en tout et pour tout 6 FOIS l'amour.
6 FOIS !
J'AVAIS BIEN COMPTÉ !
ET à chaque fois, dans une position qui me semblait déjà lassante : LE MISSIONNAIRE
FIG. 1
L'ÉTAPE D'APRÈS, c'était de tester de NOUVELLES POSITIONS.
COSMOPOLITAN
SPÉCIAL SEXE
J'étais OBSÉDÉE par LES POSITIONS. Ça avait l'air trop bien de changer de POSITION.
VOS POSITIONS KAMASUTRA PRÉFÉRÉES
Et les magazines féminins étaient mes seules ressources...
CONSEILS COSMOPOLITAN POUR AVOIR UN ORGASME :
1 ÊTRE DESSUS :
2 LE 8 :
ACCROUPIE
3 LE V :
4 LA PETITE CUILLÈRE :
J'AI ENVIE DE BAISER AVEC UNE BONNE GROSSE ET LONGUE BITE, QUE JE PUISSE ADMIRER ET SUCER... DES MAINS SUR MON CORPS...
WAOW !

Et parmi ces **POSITIONS**, il y avait un mythe, une **FABLE COLLECTIVE** à laquelle on revenait toujours :

2 DÉCEMBRE

Dans mon collège, il y avait une PISCINE.
Y aller, c'était se confronter à deux moments terribles dans la vie d'une ado...

MÉLISANDE, TU VEUX BIEN ME TENIR MA SERVIETTE ?
HM, HM.
JE CROIS QUE JE VAIS DIRE QUE J'AI MES RÈGLES.
MAIS TU L'AS DÉJÀ DIT LA SEMAINE DERNIÈRE !
MA MÈRE VEUT TOUJOURS PAS QUE JE M'ÉPILE...

TU AS OUBLIÉ DE PRENDRE TES FESSES AVEC TOI, LUCIE ?
NON, MAIS ELLE A PRIS DES SEINS !
URK URK
ELLES SONT RESTÉES EN VACANCES ?
ARK, ARK
TU FAIS DU C MAINTENANT, LUCIE ?!
JE T'AI PAS DEMANDÉ TON AVIS, BENJAMIN.
ALLEZ, TOUT LE MONDE DANS LE BASSIN !
AUJOURD'HUI, C'EST WATER-POLO !
BENJAMIN, LE BONNET C'EST PAS UNE OPTION.
ALORS, NOUS ALLONS FAIRE DEUX ÉQUIPES...
LES GARÇONS CONTRE LES FILLES !!
NON. PREMIÈRE ÉQUIPE = NOMS DE FAMILLE DE A À J.
LA SECONDE ÉQUIPE SERA LE RESTE DE L'ALPHABET... ALLEZ, ON SE MET EN PLACE !
PLOUCH
BEN, ARRÊTE !
MAIIIIS...

TIP TIP TIP
BIP
Lucie:
eske tu me trouv bel ?
→ camille envoyer
BIP
VRRR
VRRR
BIP
Camille:
wé jte kiff grav
→ Lucie envoyer
BIP
BIP
Lucie:
nan mais eske tu trouv ke jsuis grosse?
→ camille envoyer
BIP
BIP
Camille:
Bah nan
→ Lucie envoyer
BIP
3 DÉCEMBRE
TOP CHRONO!
1 MOIS POUR FAIRE UN RÉGIME
OBJECTIF À ATTEINDRE

C'EST TROP
ZARB'
COMMENT BEN ET
MOI ON SE RAPPROCHE...
CHAIS PU QUOI
EN PENSER...
??

BIP
BIP
BIP
BIP
BIP
BIP
7:00
BIP
BIP
BIP
BIP
CLOUC
7:00
OUUAAH... ÇA VA, MA LOULOU?
VLAM!
COCO CROC
TU M'APPELLES EN ARRIVANT?
CROUNCH
MIAM
SLURP
ET TU FAIS ATTENTION À TES AFFA-
BYE, MAMAN!!!
LUCIE?!
BON.

4 DÉCEMBRE
Je partais 3 JOURS à
POITIERS
rendre visite à LILAS-LOUISE, la fille d'une amie de mes parents.
YEAH!
C'était la 1re fois que je partais en week-end
TOUTE SEULE et AVEC MES COPAINS !!!
Je me sentais adulte, j'étais fière. La petite boule dans mon ventre me faisait des chatouilles : j'étais surexcitée.
Tout ce que j'avais déjà fait 100 FOIS avec mes parents me paraissait NEUF :
PRENDRE LE TRAIN
PRÉPARER MON SAC
VOIE 5
ÊTRE UNE JEUNE FEMME PARMI LES AUTRES À GUETTER MA VOIE DE DÉPART
CROUNCH
COMPOSTER MON BILLET
BLABLABLA
PARLER FORT DANS LE WAGON ET FAIRE SEMBLANT DE M'EN FOUTRE.
C'était une aventure HORS DU COMMUN. Tout était EXCITANT. Dans le train, je regardais par la fenêtre en écoutant de la musique, JE ME SENTAIS COMME DANS UNE SÉRIE T.V.
FLASH
FLASH
FLASH
FLASH

Chez LILAS-LOUISE, on a vécu 3 JOURS DE LIBERTÉ TOTALE : on dormait tous dans sa chambre, sur des matelas par terre, on se faisait à manger tout seuls, on a même fait une NUIT BLANCHE.
Pendant l'adolescence, on se sentait particulièrement VIVANTS.
C'est pas seulement qu'on avait la vie devant nous, c'est qu'on n'était pas encore blasés, pas encore RASSASIÉS.
KETCHUP

LUNDI 7 DÉCEMBRE
JOURNAL INTIME
KIKOU!
PATHÉ!
LES LOONEY TUNES
LES MEILLEURES TRILOGIES SONT EN 3 ÉPISODES!
SCARY MOVIE 3
thirteen
LOVE ACTUALLY
Pas sur la bouche
DESTINATION FINALE 2
PATHÉ
PATHÉ
J'AIME TROP QUAND ON SE TIENT LA MAIN DANS LA RUE.
MOI AUSSI.
JE T'AIME.
TU VEUX FUMER UN PÈT ?
EUH, OK... MAIS ON N'A PAS DE CLOPES !

TABAC-LOTO-JEU
BAR-TABAC
ici ?
NON, MAIS ON A DÉJÀ TESTÉ CELUI-LÀ LA SEMAINE DERNIÈRE, ILS DEMANDENT LA CARTE DIRECT !
VENEZ, Y EN A UN AUTRE PLUS LOIN !
OK !
TABAC A LA CIVETTE
ALLEZ, MÉLI !
TIC TAC
TIC TAC
J'ME SUIS FAIT RECAL' !
TROP RELOUUU...
POUR FAIRE 18 ANS, JE VAIS FAIRE PÉTER LE DÉCOLLETÉ !
ALLEZ, LUCIE !
ELLE EN MET DU TEMPS...
C'EST BON, J'AI RÉUSSI !!
...ON VA BÉDAVE DU COUP ?!
KRRR KRRR
WAAAHAHA
KRRRR KRRR
HI HI
HIN HIN HIN
T'AS PASSÉ UNE BONNE JOURNÉE, MA CHÉRIE ?
VOUI.
TÉLÉRAMA
nutella
HARRY'S

MERCREDI 10 DÉCEMBRE
ALLEZ, C'EST PARTI POUR LE BADMINTON...
BEN, TU VEUX QUE JE T'AIDE ?
TU CROIS QU'ELLE L'A ACHETÉ OÙ, SON ENSEMBLE ADIDAS, CARLA ?
IL EST TROP BEAU...
J'AIMERAIS TROP AVOIR LE MÊME...
VAS-Y, ÇA ME SAOULE !
PEUH
LAISSE TOMBER.
TROP HÂTE DES VACS, MON OBJECTIF, C'EST DE DORMIR CHEZ CAMILLE.
TA MÈRE VEUT TOUJOURS PAS ?
NAN.
iiiiiiiRK !!
GUILI GUILI !!
...
J'VAIS MANGER, À TOUT À L'HEURE...

BEN...
OHHH
LUCIE
CAMILLE...
RAGE AGAINST THE MACHINE
CLAC!
PFIOU

19 DÉCEMBRE
DONC JE DISAIS, ON
THÉORÈME DE THA
TIR D'UN TRIANGLE, SI ON A
OITE PARALLÈLE, À L'UN DES CÔT
...
DRIIIIING!!!
OUAIIIS ! C'EST LES VACAAAAANCES !!!!!!
... SEMBLABLE AU PREMIER.
HÉ, BONNES VAC
À DANS DEUX SEMAINES !
TROP COOL, ENFIN LES VACS !
BISOUS !
BONNES VACANCES, LULU !
SALUT, LES FILLES !
BÂILLE

NOUS ALLONS PROCÉDER À L'ÉVALUATION !
?!
4/20
3/20
2/20
0/20
2/20
JURY
HELLO, LUCIE...
AAAAAAH !!
SUCE-LE, SUCE-LE !
ZÉRO !!
PAUVRE MEUF !
0/20
0/20
GASP!

GASP!
POUF
Mi?
PFiOU!
?
DIAM'S
Bzzz! Bzzz!
Bzzz! Bzzz!
OUAiS ?
OUAiS GRAVE, ON PEUT ALLER AU SKATE PARK !!
MEUF J'ai GRAVE MAiGRi.
C'EST TROP STYLÉ.
MMiAAA MMiAAAA
BON, PAR CONTRE, J'ai TOUJOURS PAS DE CUL.
TU T'HABILLES COMMENT ?
20

COUCOU, LUCIENNE!
HEY!
DU COUP, TOI TU PENSES QUE T'ES:
UNE PRÉDATRICE ÉTIQUETÉE
OU:
UNE TIMIDE QUI CACHE SON JEU?
JE TROUVE ÇA BEAUCOUP PLUS STYLÉ QUAND C'EST LE MEC QUI TE COURT DERRIÈRE!
OUAIS, C'EST VRAI...
MAIS DU COUP, QUAND T'AS ENVIE DE COUCHER AVEC UN MEC, FAUT PAS LUI DIRE?
BEN, MOI J'PENSE QUE C'EST SURTOUT AUX MECS DE NOUS DIRE, 'FIN...
MAIS ALORS, QUAND TU KIFFES UN MEC, QU'EST-CE QUE TU RESSENS? 'FIN, ÇA TE FAIT QUOI?
AH BAH, J'AI ENVIE DE LE VOIR TOUT LE TEMPS!
ET TOI?
ÇA ME FAIT DES GUILI DANS LA FOUF.
MAIS AU FOND, ÇA VEUT DIRE QUOI, CETTE QUESTION QUE JE RETROUVE DANS PLUSIEURS PAGES DE MON JOURNAL?
PRÉDATRICE ÉTIQUETÉE
OU:
TIMIDE QUI CACHE SON JEU?
C'est déjà ce foutu
LA MAMAN OU LA PUTAIN.
Une opposition artificielle sexiste qui m'offrait deux choix, deux rôles dans la société :
LA FEMME PURE
VS
LA FEMME LIBRE
-SERVIABLE
-RASSURANTE
-SILENCIEUSE
-CULOTTÉE
-AMBITIEUSE
-MENACE LES HOMMES, L'ORDRE ÉTABLI, ET PAR LÀ, LA SOCIÉTÉ ENTIÈRE.
ICI BRIDGET JONES, DÉESSE DU SEXE ET DE LA DÉBAUCHE...

SALUT!
OH!
SALUT.
VOUS FAITES QUOI?
EUH...
RIEN.
...
GRATT GRATT
EUH, LUCIE...
T'AS UN MICKEY.
AHOUI, EUH, PARDON MERCI.
BON BEN, À PLUS.
À PLUS.

21 DÉCEMBRE

J'AI MAIGRI !

DÉCISION TRÈS IMPORTANTE :

FAIRE TOUT CE QUE JE VEUX SELON MES ENVIES, ME LIBÉRER, MONTRER MES SENTIMENTS, NE PAS AVOIR PEUR D'ÊTRE RIDICULE, ÊTRE FRANCHE ET HONNÊTE MÊME SI C'EST PAS OBLIGÉ, MAIS AVEC DU TACT. M'AMUSER,

AVOIR UNE VIE SEXUELLE ÉPANOUIE.

1ER JANVIER 2004 :
HAPPY NEW YEAR...
J'EN PEUX PLUS D'EUX QUAND ILS SONT RÉUNIS...
PIRE NOËL DE MA VIE !!!
JE VEUX :
- ÊTRE HEUREUSE EN AMOUR, DANS MA VIE
- NE JAMAIS RESSEMBLER À MES PARENTS
VIVEMENT QUE JE GRANDISSE.
24 DÉCEMBRE
Joyeux Noël !
25 DÉCEMBRE
LUCIE, TU RANGES TA CHAMBRE !
MAIS OUI, T'INQUIÈTE !!
TOUT DE SUITE !
26 DÉCEMBRE
PUTAIN. PAPA ET MAMAN ME SAOULENT. ILS VEULENT TOUT LE TEMPS ME VOIR ET M'EMPÊCHENT DE VOIR CAMILLE ALORS QUE J'AI JAMAIS ÉTÉ AUTANT amoureuse ! HIER, ILS M'ONT DIT :
T'ENFLAMME PAS !!
ALORS QU'ILS CONNAISSENT RIEN À MA VIE.
JE LES HAIS.
Buffy CONTRE LES VAMPIRES

FANTASME N°2
"QUE MES PARENTS SE SÉPARENT"
JOYEUX NOËL, MA CHÉRIE !
JOYEUX NOËL MA POULETTE !
... POUR QU'ENFIN, ILS NE S'ENGUEULENT PLUS.

ÇA VA, MA CHÉRIE ? TU VEUX VENIR AVEC NOUS ?
ON FAIT UN CLUEDO AVEC PAPI ET MAMIE.
NOUVELLES RÉSOLUTIONS : ANNÉE 2004
* BOSSER EN SPORT ET EN MUSIQUE * BOSSER TRÈS BIEN * PROFITER DE LA VIE * BROSSER MON CHAT TOUS LES JOURS * ÊTRE LA PLUS GENTILLE AVEC CAMILLE * TENTER DE NOUVEAUX TRUCS * AIMER TOUT LE MONDE * LIRE EN ANGLAIS * ME CULTIVER (BEAUCOUP !) * NE PLUS ME LAISSER MARCHER SUR LES PIEDS PAR PAPA ET TROUVER DES RUSES CONTRE SES PROVOCATIONS.
MRÂOU !
2 JANVIER
ZZZZZ...
7H30 : JE M'EMMERDE EN ATTENDANT QUE MAMAN SE RÉVEILLE.
MES GROUPES PRÉFÉRÉS :
TRYO
SAEZ
TOUJOURS LÀ POUR MOI !
5 JANVIER
REPRISE...
DUR DUR.
"IL EST TEMPS DE SUIVRE LA ROUTE DES BOYS BANDS AVANT QUE NOTRE ARC DÉBANDE"
TRYO
CETTE CHANSON EST GÉNIALE !
TRYO
JOURNÉE NORMALE :
18 EN LATIN, MEILLEURE NOTE !!! SINON, TOUJOURS PAREIL. APRÈS LES COURS, SORTIE À LA FNAC.
J'DEVIENS UNE GLANDEUSE !!
J'RANGE PAS MA CHAMBRE,
J'BAISE, J'REGARDE SEX ACADEMY
J'BOSSE MAIS JE ME COUCHE TARD,
J'ME LAVE PLUS LES CHEVEUX !
HELP !!

11 JANVIER :
ANNIVERSAIRE MÉLANIE MI AMOR
MIAM, JE VOIS CAMILLE AUJOURD'HUI...
IL EST 12H20 ET CAMILLE M'APPELLE POUR ME DIRE QU'IL PEUT PAS MANGER AVEC MOI, ET IL ME LE DIT TOUJOURS AU DERNIER MOMENT !
DÉSOLÉ...
C'EST TOUJOURS COMME ÇA, JE M'ATTACHE TROP À LUI, ET IL EST SUPER DÉSORGANISÉ...
J'EN AI TROP MARRE PUTAIN !
ET PIS SON MAIL @
« REPARLE-MOI QUAND TU SERAS GENTILLE ! »
ISN'T IT LOVE ??
19H48 :
RÉCONCILIATION
JE L'♥ !
MALADE !
J'AI REGARDÉ PEAU D'ÂNE :
mais qu'allons-nous faiiire ♫
de tous ces plaisirs ♫
Il y en a tant sur teeeerre ♫
SINON, J'AI TROP ENVIE DE FAIRE L'AMOUR AVEC CAMILLE, IL A UN CORPS DE DIEU !
YOU WANNA GET BURNED
YOU WANNA GET TURNED
YOU WANNA GET FUCKED INSIDE OUT !
MAMAN A LE DOS COINCÉ.
PFIOU
ELLE MET UNE DEMI-HEURE POUR ALLER DE MA CHAMBRE À LA CUISINE. LOL.

L'année continuait, avec son lot de drames...

VIENS DÉJEUNER, LUCIE !
LUCIE, C'EST QUAND MÊME PAS MAL QUE TU NE SOIS PAS ALLÉE MANGER McDO...
C'EST VRAIMENT MAUVAIS POUR TA SANTÉ, TU DEVRAIS FAIRE ATTENTION À TON POIDS.
A = a²
A = (bh)/2
(√7)² = 7
√1600 + 5² = √76x100
3/7 + 2/7 = 5/7 ; 3/7
a+bc = 1,6 +2,5...

* Un film jugé problématique des années plus tard.

Il y avait quelque chose
D'ÉPUISANT
dans le fait de
S'OBSERVER GRANDIR.
J'étais traversée par une multitude d'idées, d'espoirs, d'injonctions à intégrer et digérer.
J'avais l'impression que LE MONDE changeait, alors que c'était moi qui changeais.
ET EN MÊME TEMPS,
chaque jour ressemblait au précédent, la vie était rythmée par les nouveaux trimestres et les bulletins de notes.

UN PETIT PAS SUR LE CÔTÉ...
ATTENDS, J'PERDS MON FUTE..
KRR KRR
...APRÈS, ON TOURNE...
ET APRÈS, TAC! LE BRAS SUR LA HANCHE!
LOLITA
DESTINY'S CHILD
MERCREDI 14 JANVIER
VOUS ÊTES PRÊTES?
OUIiiiZZ!
CLIC
YES, ON L'A!
ARF, J'SUIS DEAD!
TROP STYLÉ, DEMAIN MA MÈRE M'EMMÈNE ME FAIRE ÉPILER CHEZ SON ESTHÉTICIENNE.
TU VAS TE METTRE À POIL ?!
BAH, J'ESPÈRE PAS, ÇA SERAIT SUPER GÊNANT...
SI ÇA SE TROUVE, TU VAS TE METTRE SUR DES ÉTRIERS COMME CHEZ LA GYNÉCO.
HEIN? QUOI!?!

... MAIS C'EST... COMME ÇA CHEZ LA GYNÉCO ?
BEN, TU METS TES DEUX PIEDS LÀ,
ET PUIS APRÈS, T'ES À POIL.
ELLE VOIT TOUT.
HOOONN...
MAIS T'ES OBLIGÉE D'ÊTRE TOUTE NUE ?
BEN MOI, ELLE M'A PAS REGARDÉ LA FOUF, DONC VOILÀ, MAIS OUAIS JE CROIS.
MAIS ELLE M'A DIT QUE LA PROCHAINE FOIS, IL FAUDRA QUE JE ME FASSE "VÉRIFIER" LES SEINS, AUSSI !
QUOiiii ?!!??
"VÉRIFIER" ?!!
NIARK NIARK
VÉRIFIONS ÇA, HIN HIN HIN.
MAIS NON MAIS N'IMPORTE QUOI !
QUELLE HORREUR !

EN FAIT, CHAQUE FOIS QUE TU VAS CHEZ LA GYNÉCO, IL FAUT TE FAIRE VÉRIFIER LES SEINS, ÇA VEUT DIRE QU'IL FAUT QU'ELLE TE LES TÂTE, QUOI !
CRUNCH CRUNCH
SNICKERS
C'EST UN PEU COMME SE FAIRE PELOTER,
MAIS PLUS LONGTEMPS.
MA MÈRE DIT QUE SI TA MÈRE A EU UN CANCER, TU DOIS TE LES FAIRE VÉRIFIER PLUS DE FOIS.
COLA
DU COUP, CE QU'ELLE CHERCHE, C'EST DES BOULES.
PAR TOUS LES SEINS !
DES PETITES BOULES, QUOI ! EN FAIT C'EST ÇA, LE CANCER.
DONC, MA MÈRE M'A DIT :
C'EST TROIS FOIS LE TOUR DU SEIN, AVEC LES DEUX MAINS.
LA GYNÉCO APPUIE...
ET VOILÀ !
...
SNICKERS

JE PENSE QU'AUJOURD'HUI, JE PEUX DIRE QUE JE SUIS COMPLÈTEMENT BIEN DANS MA PEAU. LES GENS, JE NE ME SENS PLUS OBLIGÉE DE VOIR COMMENT ILS ME TROUVENT, OU D'ÊTRE À LA HAUTEUR DE LA MEILLEURE DES MEILLEURES...
15 JANVIER
... MAIS BON, JE REÇOIS PLEIN DE COMPLIMENTS, SURTOUT DE BEN : "T'ES JOLIE" → !
LUCIE, QU'EST-CE QUE TU FOUS ??!
LAISSE MES AFFAIRES ET VA TE COUCHER !!!
RÔH PFFF...

20 JANVIER
ELLE
COSMOPOL
DÉNICHEZ SANS EFFORT VOTRE POINT G !
« NE GASPILLEZ PAS VOTRE E
EN VISANT L'ORGASME SIMULTANÉ »
« GARDEZ VOS JAMBES TENDUES LORS DE LA PÉNÉTRATION, STIMULATION CLITORIDIENNE OPTIMALE !! »
DANS UN PREMIER TEMPS, VOUS DEVEZ ÊTRE ASSEZ ÉMOUSTILLÉE POUR ESPÉRER SALUER VOTRE POINT G : CONDITION SINE QUA NON POUR QUE CETTE ZONE DE LA TAILLE D'UNE PASTILLE SITUÉE SUR LA PAROI ANTÉRIEURE DU VAGIN...
marie claire
AGRÉMENTEZ VOTRE MISSIONNAIRE !
LA MAJORITÉ DES COUPLES PRATIQUENT EN MOYENNE CINQ POSITIONS :
BOUGEZ D'UN IOTA POUR TRANSFORMER LE BANAL EN EXPÉRIENCE SEXUELLE NOUVELLE !
« ALLONGEZ-V SUR LE DOS. PLACEZ-V
AVEC UN OREILLER SOUS VOS FESSES, LA PÉNÉTRATION SE FAIT PLUS PROFONDE !
L'ORGASME SIMULTANÉ : UN BUT INACCESSIBLE. IL VOUS FAUT EN MOYENNE TROIS FOIS PLUS DE TEMPS QUE LUI POUR...
COSMOPOLITAN
PSYCHOLOGIE MAGAZINE
22 JANVIER
ATTENDS, ATTENDS.
NON, MAIS TIENS MES JAMBES !
TIENS MES JAMBES, T'ES MARRANTE.
NON MAIS PASSE-MOI LE COUSSIN QUE JE LE METTE SOUS MES FESSES.
DIS, LUCIE...
... ÇA VEUT DIRE QUOI, "CLITORIDIEN" ?

HAAA!
PFIOU!
TU VAS OÙ?
T'INQUIÈTE!
PSSSSSSSSSSSTT
T'ES BELLE!
SMOUTCH
!!
?
LA CAPOTE A PAS CRAQUÉ, HEIN?
BEN NON, J'CROIS PAS...
ELLE EST OÙ?
PSHHTT
HM..
C'EST BON!!

23 JANVIER
TOUT CE QUE JE VEUX FAIRE,
JE LE
FAIS
POUR NE
RIEN REGRETTER.
* FAIRE UN CÂLIN À BEN :
* ME METTRE SUR CAMILLE :
* LE SUCER :
* FAIRE PLEIN DE PRÉLIMINAIRES :
* LE CHAUFFER À FOND :
ALORS...
SI DANS DEUX SEMAINES TOUTES LES CASES NE SONT PAS COCHÉES...
...C'EST QUE J'SUIS UNE LÂCHE.

Un jour, **CAMILLE** m'avait envoyé un mail avec les paroles traduites en français d'une chanson de **MEREDITH BROOKS** qui nous liait depuis le début de notre relation. Il l'avait transposée au masculin.

J'avais **14 ANS**, et je ne m'étais jamais sentie autant aimée.

HAAAN...
LIRE
EDITER
HHAAAN
CLIC
CLIC
18:12
18:16
18:42
19:03
CLIC
CLIC
19:15
19:26
19:47
20:06
CLIC
CLIC
CLIC
CLIC
CLIC
CLIC
(ELLA, ELLE L'AAA, OUH OUH OUH OUUHH♫♪)
TROP DRÔLE !! J'AI FAIT UNE VIDÉO DE MOI EN TRAIN DE ME TOUCHER ET TOUT, J'POURRAIS GAGNER DU FRIC AVEC, L.O.L.
MON CORPS A TROP CHANGÉ, EN ME VOYANT, C'ÉTAIT TROP ÉTRANGE.
BON, TOUJOURS RIEN ICI PAR CONTRE...
NUL
FAIT CHIER.

HO...
HO...
HAAAN!
Seule, j'arrivais à jouir. À deux, c'était plus compliqué.

29 JANVIER
LOLITA
PILLE
HELL
AMÉLIE NOTHOMB
CLARK GABLE
MAMAN ?
MAMAN, EST-CE QUE TU ES HEUREUSE ?
BIEN SÛR, MA CHÉRIE, QUE JE SUIS HEUREUSE !
COMMENT TU AS SU QUE TU AIMAIS PAPA ?
ET QUE TU AVAIS ENVIE D'AVOIR UN ENFANT AVEC LUI ?
ÉCOUTE, C'ÉTAIT PAS PRÉVU...
MAIS C'EST LE PLUS BEAU CADEAU QUE LA VIE M'AIT FAIT.

EMPORTE LE VENT
CLARK GA
POURQUOI VOUS AVEZ PAS ENVIE D'AVOIR D'AUTRES ENFANTS ?
C'EST COMPLIQUÉ, LUCIE... PAPA EST À TOULON...
MAIS MOI, J'AIMERAIS BIEN AVOIR UN FRÈRE OU UNE SŒUR...
...TOUTES MES COPINES, ELLES ONT DES FRÈRES OU DES SŒURS, ET PAS MOI !
ET PUIS, C'EST TROP BIZARRE QUE PAPA VIVE À TOULON. POURQUOI IL VIT PAS AVEC NOUS ? LES AUTRES, ILS VIVENT AVEC LEUR PÈRE !!
PARCE QUE ÇA NOUS VA COMME ÇA... JE CROYAIS QUE TOI AUSSI, ÇA T'ALLAIT.
J'AIMERAIS JUSTE ÊTRE NORMALE !!
ET AVEC VOUS, RIEN N'EST NORMAL...
LOULOU...

LUNDI 9 FÉVRIER
APRÈS LA HANCHE, C'EST QUOI DÉJÀ ?
SUR LE CÔTÉ !
PFFF HIN HIN HIN !
NIA NIA NIA
NIN NIN NIN
URK URK
ARK ARK
VOUS ÊTES TOUT POURRIS, LES MECS, CASSEZ-VOUS !!
MÉLISANDE, ELLE ROULE GRAVE DU CUUUUUL...
DÉGAGEZ !!
IL EST TROP BEAU, TON CUL, DANS CE JOGGING...
KRR KRR

MERCREDI 11 FÉVRIER
MA SAINT-VALENTIN AVEC CAMILLE
J'étais bien déterminée à trouver "mon plaisir", comme je le lisais dans COSMOPOLITAN.
... ET CETTE OBSESSION DES POSITIONS M'A SUIVIE LONGTEMPS !
COSMOPOLITAN
DIOR HOMME
ET SI JE ME FAISAIS PLAISIR ?
JOURNAL INTIM
OUAAAAH !
J'L'AI FAIT SUR LUI !
LOL
+ J'AI FOIRÉ MON BREVET BLANC DE MATHS !!!

BIP
1 message reçu
18:42
Lire
BIP
NOKIA
BEN:
C T COOL AUJ AU CINE JTDR
TIP TIP TIP
BIP
→ENVOYER
NOKIA
Lucie→BEN:
Moi AUSSI JTDR
⚠ ATTENTION!! ⚠
HIER SOIR, ON S'EST ENVOYÉ DES TEXTOS AVEC BEN, ET IL A DÉCIDÉ DE ME FAIRE DES CÂLINS PARCE QUE JE LUI AVAIS FAIT DES BISOUS... LE TRUC C'QU'IL EST TIMIDE ET IL AVAIT PEUR QUE JE PRENNE ÇA POUR DES AVANCES...
AU CINÉ TODAY AC LA CLASSE ON S'EST TENU LA MAIN, MAIS Y A RIEN D'AMOUREUX LÀ-DEDANS. J'AI PEUR DES POTINS. ENTRE BEN&MOI ÇA A JAMAIS VRAIMENT COMMENCÉ NI FINI. MAIS CHUIS FOLLE DE CAMILLE.
SUIS TRISTE DE PARTIR DEMAIN SI VITE...

14 FÉVRIER
MÊME PAS AVEC MON AMOUREUX, SNIF !
EMBRASSE-MOI DESSUS BORD
VIENS, MON ANGE, RETRACER LE CIEEEL
Chaque année, avec mon père, on partait 1 SEMAINE tous les deux, pour rattraper ses absences du reste de l'année.
En 2004, il avait décidé de m'emmener à
CDG-JFK
à
NEW YORK
sa ville préférée au monde.
LADIES AND GENTLEMEN WE WILL BE LANDING SHORTLY...
JE SAIS PLUS OÙ J'EN SUIS AVEC BEN... ÇA ME SAOULE. CHUIS TROP TRISTE DE LE QUITTER, ET COMME ÇA VA PAS SUPER AVEC CAMILLE EN CE MOMENT, J'ARRIVE PAS À DÉFINIR NOTRE RELATION... J'PENSE TOUT LE TEMPS À LUI DEPUIS UNE SEMAINE...
ARGH !!
C'EST DUR TOUT ÇA !
P.-S. : AVEC PAPA, EN FAIT, ÇA SE PASSE TROP BIEN.

15 FÉVRIER

J'PENSE TOUT LE TEMPS À **BEN** ET ÇA M'INQUIÈTE. JE SUIS AUSSI FOLLE DE **CAMILLE**. JE PENSE QUE JE VAIS CONTINUER AVEC LUI, SÛREMENT EN FLIRTOUILLANT AVEC **BEN**. MAIS COMME ÇA VA PAS SUPER AVEC **CAMILLE**, JE SENS QUE JE VAIS BIENTÔT TOMBER DANS LES BRAS DE **BEN**... ET ALORS LÀ... C'EST **LA GALÈRE**.

CAMILLE:

DOUX DE CARACTÈRE, JE L'AIME TOUT ENTIER, ON SE MARRE BIEN, TOUS LES DEUX. J'AIME BIEN ÊTRE NUE DANS SES BRAS.

BEN:

ME COMPREND ENTIÈREMENT, ET JE LE TROUVE **SENSUEL**, MAIS JE POURRAIS PAS FAIRE L'AMOUR AVEC LUI. CE SERAIT TROP ÉTRANGE, ET J'AURAIS PEUR DE LE **DÉCEVOIR**.

ET DE TOUTE FAÇON, **BEN** EST PAS CÉLIB... C'EST UNE TORTURE DANS MA TÊTE CAR JE SUIS LOIN DE L'UN & DE L'AUTRE...

J'EN PEUX PLUS DE DÉSESPOIR.

(EN PLUS, JE VOIS PLUS BEN QUE CAMILLE, C'EST AUSSI POUR ÇA QUE JE PENSE + À LUI.)

AUSSI: JE FAIS PAS ASSEZ DE PRÉLIS AVEC CAMILLE.

JE **DOIS** M'AMÉLIORER.

MÉTRO F
GETTING A DIVORCE? CALL OUR LAWYERS AT 1-800-DIVORCE
when diamonds are not forever.
DREAM BIG
BREAST AUGMENTATION made in N.Y.
QUAND JE PENSE QU'IL Y EN A PLEIN QUI CHERCHENT LE MEC...
...ET QUE MOI, J'EN AI DEUX GÉNIAUX !!

16 FÉVRIER

⚠ 6 HEURES DE MOINS, DONC **PILULE À 14H!** ⚠

CE QUI EST DRÔLE, C'EST QUE J'AI L'IMPRESSION D'ÊTRE NEW-YORKAISE, **PARCE QUE :**

1. C'EST UNE VILLE D'IMMIGRÉS
2. CHACUN PEUT RESSEMBLER À N'IMPORTE QUOI, FAIRE CE QU'IL VEUT, ET IL SE FOND DANS LA MASSE, CONTRAIREMENT À **PARIS**, OÙ CHACUN SCRUTE L'AUTRE EN **DÉTAIL** POUR TROUVER CE QUI NE VA PAS... (DANS LE MÉTRO PAR EX !!)

APRÈM :

WALL STREET, CHINATOWN...

J'AI TROUVÉ :

→ UN TEE-SHIRT **IVERSON** POUR **BEN**
→ 2 POSTERS DE BOB MARLEY POUR **♥ CAMILLE ♥**
→ DES CHEWING-GUMS POUR **LUCIENNE...**

TOUT LE MONDE VA ÊTRE GRAVE CONTENT !

22 FÉVRIER :

ANNIF MON CHÉRI

CAMILLE OU BEN ?

TROISIÈME PARTIE

FÉVRIER - JUILLET

APRÈS MON VOYAGE À NEW YORK, IL A FALLU SE RENDRE À L'ÉVIDENCE : J'ÉTAIS AMOUREUSE DE BEN.
BEN
Ben
BEN
BEN
BEN
BEN
Ben
BEN
CLARKE GABL
J'avais donc dû commettre cet acte terrible :
CASSER AVEC CAMILLE.
EN RESPECTANT LES RÈGLES DE L'ART :
CAMILLE... C'EST FINI ENTRE NOUS.
PLACEBO
C'EST PAS TOI, C'EST MOI.
Punchline
ON RESTE AMIS ?
PLACEBO

PLACEBO
PLACEBO

MARDI 24 FÉVRIER
JOUR 1 AVEC BEN
BON, BAH VOILÀ, J'AI QUITTÉ MON PREMIER AMOUR, C'EST DUR PARCE QUE C'EST LE PREMIER À QUI J'AI DIT "JE T'AIME", LE PREMIER QUI M'A TOUCHÉE, LE PREMIER AVEC QUI J'AI FAIT L'AMOUR.
EN MÊME TEMPS, JE N'AVAIS PLUS RIEN À LUI DIRE, MAIS JE SUIS PERDUE. J'AIME BENJAMIN.
JE SAIS QUE CAMILLE VA ME MANQUER MAIS JE L'OUBLIERAI.
IL VA M'EN VOULOIR...
LUCIE...
JOURNAL INTIME

CLARKE GABIE
ALCATEL
¡¡¡INSPIRATIOOON
EEEXPIRATIOON
BEN...
BEN
BEN...
TIP
01
TIP
72
TIP
37
TIP
58
OUAIS, BEN ?
AH PARDON, BONSOIR, MADAME ...
EST-CE-QUE-JE-POURRAIS PARLER-À-BENJAMIN-S'IL-VOUS-PLAÎT ?
ALLÔ, BEN ?
...
ALCATEL
... TU VEUX SORTIR AVEC MOI ?

MERCREDI 25 FÉVRIER
JE L'AIME !!!
(BEN)

Mais les vacances de février ne sont pas terminées, ce qui veut dire qu'on enchaîne les **SOIRÉES PYJAMAS** entre filles...

27 FÉVRIER

J'SUIS FOLLE DE

BEN

MAIS ON S'EST MÊME PAS ENCORE EMBRASSÉS... J'APPRÉHENDE QUAND MÊME UN PEU ET J'VAIS ÊTRE STRESSÉE ET TIMIDE. SINON, LA RÉACTION DES GENS, ÇA VA ÊTRE DRÔLE.

ET GENRE, À LA **PISCINE**, AUSSI.

LUNDI 1ER MARS
DUR DUR LA REPRISE...
DRiiiiiiiiNNG
ÇA VA ?
OUAIS OUAIS, ET TOI ?
HOOOOUUUUUU...
SMACK
HOUUUU
OOOH !!!
HAAAN-HAAAANN !!
OH OUI, OH OUI !!
MiAM !

ALLEZ ALLEZ, TOUT LE MONDE !
ÇA A SONNÉ !
FAUT ALLER EN COURS.
CLAP
CLAP
!
Hiiiiiiiiiii
Hiiiiiiiiii
Hiiiiiii
ALOOORS !??
IL EMBRASSE TROP BIEN !!
Hiiiiiii
PUTE
Hiiiiiiiiiiiiiiiiiiiiii
LOUISA LA SUCEUSE
BON HÉ, LES FILLES, IL EST 8H05, LÀ, ON Y VA !
OUPS !
FRANCHEMENT...
IL EST TROP BEAU.

TU VEUX VENIR CHEZ MOI ?
OUAIS, GRAVE.
SNOOPY
LAKERS
GLOUSSE GLOUSSE
C'ÉTAIT TROP BIEN QUAND TU T'ES MISE SUR MOI !

LUCIE, ÇA VA ?
OUI, SUPER.
TU ÉTAIS OÙ ?
CHEZ BEN...
LUCIE... TU SORS AVEC BENJAMIN, MAINTENANT ??
...OUI...
...ET JE L'AIME TROP.
LUCIE, TU AS FAIT L'AMOUR AVEC BENJAMIN ?!?!

Ce que j'aurais aimé dire :
OUI, MAMAN, ET C'ÉTAIT GÉNIAL, SI TU SAVAIS COMME JE L'AIME, COMME IL EST IMPORTANT POUR MOI, COMME JE ME SENS UNE VRAIE FEMME AVEC LUI ! PAS UNE PETITE FILLE !
T'ES PAS D'ACCORD MAIS JE M'EN FOUS.
JE L'AI
V.S
Ce que j'ai vraiment dit :
ÇA TE REGARDE PAS !!!
LUCIE !!!
VLAM !
J'SUIS TELLEMENT HEUREUSE AVEC BEN QUE J'AI RIEN À DIRE, IL EST PARFAIT... PARFAIT, PARFAIT
PILE POUR MOI... EXACTEMENT COMME J'AIME...
JE L'AiiiiME

3 MARS
BEN N'AIME PAS QUE JE ME MASTURBE, C'EST CHAUD.
EN FAIT, IL PENSE QUE C'EST POUR LE REMPLACER, MAIS PAS DU TOUT.
CE SONT DEUX CHOSES DIFFÉRENTES.

SAMEDI 6 MARS
BON !
SCRiiiiiiTCH
ALORS...
BREVET BLANC
MIKAELIAN LUCIE
RÉSULTATS :
MATHS : 36/40
FRANÇAIS : 35/40
HISTOIRE-GÉOGRAPHIE : 34/40
COMMENTAIRES : TRÈS BONS RÉSULTATS, EXCELLENTE ÉLÈVE
BRAVO, MA CHÉRIE !
ON EST TRÈS FIERS DE TOI !
OUAIS, ET J'AI À PEINE BOSSÉ...
SOUPIR

valmont
À TOUT À L'HEURE !
HEY !
HELLO, TOI
IL EST VRAIMENT TROP BEAU.
J'AIME BIEN SON JEAN !
J'SUIS TROP AMOUREUSE DE BEN ! J'AURAIS JAMAIS IMAGINÉ ÇA...
JE L'EMBRASSE, JE LE TOUCHE, JE FAIS L'AMOUR AVEC LUI ET... MIEUX VAUT AVOIR UN SEXE NORMAL ET SAVOIR S'EN SERVIR, PLUTÔT QU'ÊTRE MONTÉ COMME UN CHEVAL ET PAS SAVOIR S'EN SERVIR ! CAR BEN S'EN SERT DIVINEMENT BIEN...
SNIF
ILS ONT L'AIR GRAVE IN LOVE.

Plus je grandissais, plus l'adage "**IL FAUT SOUFFRIR POUR ÊTRE BELLE**" prenait son sens. Je dépensais désormais une partie de mon argent de poche pour me faire arracher les poils.

C'est comme si j'étais censée savoir ce qu'il fallait faire. Où s'asseoir, comment se tenir, quoi dire.

Au fil des années, j'ai compris que je pouvais dire quand la cire était trop chaude ou que j'étais gênée dans une position.

Beauty TENTATION
ESTHÉTIQUE
TARIFS:
TIP TIP TIP
BIP
BEN: 2VANT LE CINE
NOKIA
T OU ?
BIP
LUCIE: JRV
YO MEC, ÇA VA ?
YO
TRANQUILLE.
TROP DES BARRES HIER AVEC BASTIEN.
URK URK
NAN MAIS GROS, C'ÉTAIT N'IMPORTE QUOI.
GRAVE.
OUAIS.
MAIS DU COUP J'AI FINI PAR ME BARRER APRÈS!
HA HA HA!
MEC, TU FAIS TIEP.
SÉRIEUX.

NON, MAIS TU VOIS, MOI JE SUIS VENUE AU CINÉ POUR TE VOIR !
PAS TES POTES CHIANTS !!

LUNDI 15 MARS
J'AIME LA VIE
J'AIME LE SEXE
J'AIME BENJAMIN
GREC = 16
LATIN = 18,4 !
MATHS = 11,5
JE ME TAPE UNE DÉPRIME... JE PASSE DU RIRE AUX LARMES SANS ARRÊT ET TOUS MES SENTIMENTS NÉGATIFS SONT AMPLIFIÉS...
JE VAIS ME RESSAISIR, POUR BENJAMIN.
MARDI 16 MARS
C'EST LE PRINTEMPS !
JE SUIS JALOUSE DES COPAINS DE BEN... EN FAIT, ON A TOUJOURS LES MÊMES PROBLÈMES AVEC SES AMOURS... C'EST CHIANT. ON CROIT QUE C'EST JUSTE CETTE PERSONNE, MAIS C'EST À RÉPÉTITION.
VENDREDI 19 MARS
ÇA FAIT CHIER, JE L'AIME TROP ET JE SUIS POSSESSIVE ET COLLANTE... JE NE LUI LAISSE PLUS DE LIBERTÉ... BREF, IL ME FAIT SOUFFRIR CAR IL ME FOUT TOUT LE TEMPS DES VENTS, AU LIEU DE ME DIRE TOUT SIMPLEMENT QU'IL VEUT RESTER SEUL... BREFOUILLEUH JE SUIS TRISTE ET PLEURE TOUT LE TEMPS... JE VAIS FAIRE DES EFFORTS, MAIS EN MÊME TEMPS, C'EST À LUI AUSSI D'EN FAIRE !
AAARGH
C'EST DUR L'AMOUR !

SNIRFL
BEN...
JE T'AIME.
MOI AUSSI JE T'AIME, LUCIE.
BON...
ON VA CHEZ MOI ?

BIP
NOKIA
14:42
BEN:
DSL JPEU PA VNIR
7 APREM JE V O
BASKET AVEC LES MECS
BIP

SAMEDI 20 MARS
MON CHÉRI D'AMOUR ET MOI
J'AI REMIS LE COLLIER DE CAMILLE...
IL ME MANQUE.

1ER AVRIL
LUCIE ?
OUI ?
FAUT QUE JE TE PARLE.
"Faut que Je Te Parle..."
JE CASSE.
JE VEUX ME REMETTRE AVEC ADÈLE.
JE SUIS DÉSOLÉ...
T'INQUIÈTE, JE COMPRENDS.
NON PARCE QU
JE LUI AI DIT QUE L
GALÈRE AVEC LE T
MÉTRO EN RET

HEY !
ÇA VA, LULU ?
MAIS NON !!!
JE SUIS DÉSOLÉE... QUEL CONNARD !
IL S'EST PASSÉ QUOI, EN FAIT ?!
BAH...
BEN A LARGUÉ LUCIE.
POUR SE REMETTRE AVEC ADÈLE EN PLUS !!

INDOCHI
LUCIE !!
?
?
ADÈLE A DIT NON À BEN !!!
ELLE VEUT PAS RESSORTIR AVEC LUI, EN FAIT !!!
!!
QUOI ?!
C'EST ROMAIN QUI L'A DIT À PAUL, JE LES AI ENTENDUS À CÔTÉ DES CASIERS TOUT À L'HEURE.
BEN, IL PARAÎT QU'IL EST TROP SAOULÉ.

PEUT-ÊTRE QUE JE POURRAIS LE RECONQUÉRIR ?

"Reconquérir", je ne sais pas, mais après quelques semaines, j'étais devenue ce que j'appellerais plus tard : le "PLAN CUL" de BEN.
BEN ?
TU VEUX VENIR PRENDRE LE GOÛTER CHEZ MOI ?
MAIS TOI...
...ÇA TE DIRAIT QU'ON COUCHE ENSEMBLE, ET ON LE DIT PAS AU COLLÈGE ?
TWIX
BAH...
...OUAIS, ÇA ME VA.
C'était le premier "PLAN CUL" de ma vie, celui qui déterminera les paramètres des suivants.
TOUT REPOSAIT SUR CETTE CROYANCE :
SI JE COUCHAIS AVEC LUI, IL TOMBERAIT AMOUREUX DE MOI.
JE SUIS SÛRE QU'ADÈLE LE FAISAIT MIEUX QUE MOI...
ILS ONT DIT QUOI SUR SKYROCK DÉJÀ ?
J'AI PEUR DE FAIRE MAL AVEC MES DENTS
JE DOIS LE BRANLER EN MÊME TEMPS ?!
C'EST TROP BIZARRE DE FAIRE ÇA...
... BON, DE TOUTE MANIÈRE JE SAIS PAS VRAIMENT BRANLER
JE DOIS FAIRE QUOI AVEC MA LANGUE ?
IL VA JOUIR OÙ ?
JE VAIS ESSAYER D'AVALER...
EN TOUT CAS, JE SUIS PAS UNE MEUF COINCÉE !
...C'EST SUPER AMER !
C'était ma toute première fellation...

J'ai beaucoup changé depuis le mois de SEPTEMBRE... 2 mois avant ça, je n'arrivais même pas à regarder ni à toucher CAMILLE à cet endroit-là.
Avec BENJAMIN & ce nouveau geste très intime,
JE QUITTE UN PEU PLUS L'ENFANCE.
BON, BEN SALUT ! À DEMAIN, ALORS !
... 14 ANS, c'était vraiment trop tôt pour tester ce qu'on appelle le "SEXE SANS SENTIMENTS"
↳ alors que moi, j'en avais.
21H38 :
AUJOURD'HUI : DEUX PIPES ET UN CUNI.
MIAM.
... et puis, comme prévu, BEN N'EST JAMAIS RETOMBÉ AMOUREUX DE MOI.
15 ANS PLUS TARD
Je pense qu'il ne se rendait pas compte qu'il était le premier homme à "profiter" de moi.
Qu'il serait le premier avec qui j'expérimenterais ce sentiment diffus de HONTE et de DÉGOÛT DE SOI.

LUNDI
MARDI
MERCREDI
JEUDI
RIEN
VENDREDI

D'un côté, j'assistais au naufrage de mon ego,
de l'autre, la vie poursuivait son cours tout à fait normalement.

FANTASME N°3 :
LUCIE + BEN
“QUE BEN M'AIME”
Hiiii TROP CHOUPI HAAAN
TROP MIMI
!!
LUCIE, JE SUIS FOU DE TOI !
JE VEUX ME MARIER AVEC TOI !
JE T'AIME !
T'ES LE MEILLEUR COUP QUE J'AI JAMAIS EU !
PLUS QU'ADÈLE !
T'AS LES PLUS BELLES FESSES DU COLLÈGE !
NE JAMAIS OUBLIER QU'IL A BESOIN DE LIBERTÉ.
JE SUIS SOUMISE !
(JE VIENS DE ME L'AVOUER À MOI-MÊME)
CHUIS MÊME PLUS TRISTE DE PAS LE VOIR MAIS PLUTÔT DE ME FAIRE COUILLONNER À CHAQUE FOIS.

HA HA HA HA HA HA HA HA HA
J'AI CROISÉ CARLA ET ADÈLE DEVANT LE McDO L'AUTRE JOUR, ELLES AVAIENT L'AIR MÉGA COPINES...
...
CARNET DE CORRESPONDANCE
Cette nouvelle amitié, ou plutôt ALLIANCE, que je voyais comme fabriquée de toutes pièces pour me nuire, me DÉSTABILISAIT et M'ANGOISSAIT.
C'EST VRAI QUE LUCIE, ELLE A PAS DE CUL QUAND MÊME ...
HA HA HA!
OUAIS TROP!
3:00

LUNDI 5 AVRIL
7:00
RÈGLE N°1 : FAIRE CHANGER LE POUVOIR DE MAINS.
RÈGLE N°2 : NE PLUS MONTRER SES SENTIMENTS.
RÈGLE N°3 : CHOISIR OÙ QUAND ET COMMENT
RÈGLE N°4 : NE PLUS ALLER LE CHERCHER.
ÇA VA MARCHER, VOUS CROYEZ ?
MEUH OUI.
Comme d'habitude, j'étais super forte en théorie, mais nulle en pratique.
BIP
LUCIE :
A quelle heure tu finis ?
→ BEN
ENVOYER
BIP
ON FAIT UN BOUT DE CHEMIN ENSEMBLE ? ÇA ME DÉRANGE PAS DE FAIRE UN DÉTOUR...
LUCIE, ARRÊTE DE ME COLLER. JE SUIS AMOUREUX D'ADÈLE, JE L'AI TOUJOURS AIMÉE. DÉSOLÉ, MAIS ON SE REMETTRA JAMAIS ENSEMBLE.
TOI ET MOI, C'EST PAS PAREIL.
J'AI JAMAIS ÉTÉ AUSSI TRISTE DE MA VIE, IL M'A DIT DES CHOSES HORRIBLES...
JE SUIS TELLEMENT NAÏVE.
J'AI CRU QU'IL M'AIMAIT AUTANT QUE JE L'AIMAIS... ADÈLE ME HANTE. JE LA SENS SE FOUTRE DE MA GUEULE... SI J'AVAIS SU... JE SUIS NULLE, MAIS NULLE...
J'AI MAL.

HÉ, MEL...
HMM ?
TU ACCEPTERAIS DE COUCHER AVEC UN MEC SANS SORTIR AVEC LUI, TOI ?
ÇA VA PAS OU QUOI ?!!
T'ES FOLLE, J'SUIS PAS UNE PUTE, MOI !!!
SALOPE !!
SALOPE !!
SALOPE !!
SALOPE !!!
SALOPE !!
SALOPE !!
...
TU ME PASSES LE TOP COAT ?

Pour les vacances de PÂQUES, mes parents nous ont emmenés, JONAS et MOI, à MIAMI. J'avais écrit une lettre à BEN, une démonstration magistrale de la PERTE TOTALE DE MA CONFIANCE EN MOI.
14 AVRIL
CHER BEN,
MIAMI, C'EST VRAIMENT AMÉRICAIN. HIER, NOUS SOMMES ALLÉS AU RESTAU ET EN NOUS PROMENANT J'AI CONSTATÉ QUE LE LOOK ICI, C'EST MINI JUPE / TONGS.
JE FAIS TACHE
J'AI AUSSI REMARQUÉ UN TRUC, C'EST QUE TOUTES LES FILLES PSEUDO-SKATEUSES SONT MAL FOUTUES, ELLES PENSENT QUE LES SKATEURS S'EN FOUTENT.
JIVE!
J'AIME BIEN CHEZ TOI LE FAIT QUE TU AIMES BIEN LES JOLIES FORMES ET TOUT (MÊME SI JE SUIS PAS UN EXEMPLE... ENFIN).
LIKE TOTALLYYY
YO!
JE ME DEMANDE, APRÈS TOI, QUI VAIS-JE TROUVER DE MIEUX. ENFIN, J'AI QUAND MÊME RÉUSSI À TE TROUVER DES DÉFAUTS, HEUREUSEMENT D'AILLEURS (ENFIN, PAS POUR MOI). AUSSI, IL FAUDRA QUE JE TROUVE UN MEC DE 15 ANS QUI S'Y PREND AUSSI BIEN QUE TOI (DUR DUR...)
J'AI DÉCIDÉ DE NE FAIRE AUCUN REPROCHE DANS CETTE LETTRE, MAIS C'EST DIFFICILE POUR MOI CAR JE VOUDRAIS HURLER :
JE T'AIME !!!
N'OUBLIE PAS QUE JE NE SERAIS RIEN SANS TOI,
COMME JE TE L'AI DÉJÀ DIT,
SI TU ME QUITTAIS JE METTRAIS 6 MOIS À M'EN REMETTRE.
CI-GÎT LE CŒUR DE LUCIE

HELLO !
C'EST Barbie-Land ICI, MAIS TOUT SE PASSE TRÈS BIEN ! (EN PLUS, MES VIEUX NE S'ENGUEULENT PAS.)
15 AVRIL
JE T'AIME !
JE SUIS CONTENTE, MA CURE DE DÉSINTOX SE PASSE BIEN, L.O.L.
JE PENSE BEAUCOUP À TOI...
TOI, MA DROGUE DURE
LA NUIT DERNIÈRE, J'AI RÊVÉ DE TOI.
Je t'aime je t'aime je t'aime je t'aime...
HOO...
T'ES À CHAIPAS COMBIEN DE KILOMÈTRES MAIS J'AI ENVIE DE TOI...
16 AVRIL
JE VAIS T'AVOUER UN TRUC : ADÈLE ME HANTE. QUAND TU ME FAIS DE LA PEINE, QUAND JE ME PRENDS LE CHOU TOUTE SEULE... J'AI L'IMPRESSION QU'ELLE RIGOLE, QUAND ON FAIT L'AMOUR (ENFIN NON, JE NE PENSE PAS À ELLE À CE MOMENT-LÀ, C'EST SÛR !!). MAIS J'L'IMAGINE EN TRAIN DE SE DIRE :
AH, JE M'Y PRENDRAIS MIEUX !
ELLE ME TRAUMATISE. VOILÀ, MAINTENANT QUE JE L'AI DIT, ÇA VA MIEUX.
17 AVRIL
LÀ
LÀ
LÀ
J'SUIS PLEINE DE COUPS DE SOLEIL
HIN HIN
TU POURRAS GARDER CE DESSIN DE MOI POUR QUAND JE SERAI ULTRA CONNUE
JE T'AIME...
DEMAIN, C'EST DIMANCHE ET JE T'APPELLE POUR PRENDRE DES NOUVELLES.
SINON J'AI PLEIN D'AUTRES IDÉES... MAIS JE T'EN PARLERAI À PARIS, C'EST NUL À DIRE PAR LETTRE.
Y A UN TRUC QUE J'AIMERAIS BIEN AUSSI, C'EST QUE QUAND LE TEMPS EST BON, ON SORTE UN PEU.

...AH OUI, AU FAIT, J'AI CHANGÉ D'AVIS, JE VEUX BIEN FAIRE LE 69, ET C'EST TOUJOURS OK POUR LA LEVRETTE.
AH, ÇA ME GÊNE DE DIRE ÇA DANS UNE LETTRE, QUELQU'UN POURRAIT LA LIRE, QUI SAIT...
J'ESPÈRE QUE TES VACANCES SE PASSENT BIEN
ET QUE TOUT VA BIEN POUR TOI À PARIS, JE N'AI AUCUNE NOUVELLE ! SI ÇA SE TROUVE, TU ES TOUT CASSÉ DE PARTOUT, T'ES AMPUTÉ DES JAMBES (TANT QUE C'EST PAS LE RESTE, LOL...) MAIS JE T'AIMERAI QUAND MÊME.
AÏE
QUAND JE RENTRE JE TE MASSE DE PARTOUT, J'TE FAIS DES BISOUS PARTOUT...
18 AVRIL
...JE VIENS DE T'APPELER, ET COMME TU PEUX LE DEVINER, JE PLEURE. J'AURAIS AIMÉ QUE TU ME DISES :
JE T'AIME, MON AMOUR
J'AI BESOIN DE TOI
TU ME MANQUES
...MAIS JE PEUX TOUJOURS RÊVER.
ET MERCI POUR LE "C'EST DÉGUEULASSE" DE MA MYCOSE !! J'Y PEUX RIEN ET C'EST PAS CONTAGIEUX !!
...JE T'AIME... TOUT CE QUE JE PENSAIS DE TRISTE S'EST EFFACÉ... J'AI CHAUD DANS CETTE CHAMBRE... CHUIS UN RADIATEUR OU QUOI ?
19 AVRIL
J'AI ENVIE D'UN GROS CÂLIN.
J'AI ENVIE DE TOI...
20 AVRIL
DES FOIS JE REGARDE JONAS ET JE ME DIS "J'AI DE LA CHANCE D'ÊTRE AVEC BENJAMIN". NON PARCE QUE VRAIMENT, T'ES 100 FOIS PLUS SEXY.
...Et le 21 AVRIL, c'était le départ.

En quelques mois, je suis passée de L'INSOUCIANCE et LA LIBERTÉ à la REPRODUCTION et L'ACCEPTATION d'injonctions féminines d'un autre temps.
Pour Plaire:
* RIRE
* SOURIRE
* REGARD SUR LE CÔTÉ
* L'ENCOURAGER
* LE FLATTER
* NE PAS SE PLAINDRE
* L'ACCOMPAGNER DANS SES PEINES/DOULEURS/EFFORTS
DE "VIEILLES RECETTES" QUI NE M'AVAIENT JAMAIS INSPIRÉE JUSQUE-LÀ...
...VOIRE QUE JE MÉPRISAIS.
INJONCTION 1
INJONCTION 2
INJONCTION 3
...4
...5
...ETC
Je me servais de ces ficelles-là parce que je n'en connaissais pas d'autres. C'est celles que je trouvais dans les MAGAZINES FÉMININS ou les COMÉDIES ROMANTIQUES.
Je me transformais en marionnette dont je tirais tristement les fils.
THÉÂTRE DE LA FÉMINITÉ

Je pourrais en vouloir à BEN, mais comme moi, c'était un ADO qui apprenait à devenir un ADULTE.
Avec du recul, ce qui est intéressant, c'est que tous les deux, on est rentrés dans
LES VIEUX SCHÉMAS
du PIRE de la
RELATION HÉTÉROSEXUELLE
avec tous ses clichés.
VOUS ENTREZ À
HÉTÉRO NORMATIVITÉ LAND
VILLE FLEURIE
COMME SI EN DEVENANT ADULTES, IL FALLAIT QU'ON DEVIENNE CONS.

16 AVRIL
JE VEUX:
- DANSER LE RAGGA, LA DANSE ORIENTALE
- PARLER L'ANGLAIS ET L'ESPAGNOL PARFAITEMENT
- CONNAÎTRE LES BONS VINS ET SAVOIR LES RECONNAÎTRE
- CONNAÎTRE LES VOITURES
- SAVOIR COMMENT MARCHENT LES OUTILS ÉLECTRONIQUES DE BASE
- CONNAÎTRE LES NOMS D'ACTEUR-TRICES
18 AVRIL
SOIF DE LIBERTÉ...
20 AVRIL
RÈGLES DE POLITESSE:
_ SE TENIR DROITE
_ LES MAINS SUR LA TABLE
_ SERVIR
- PROPOSER À BOIRE
_ NE PAS SE RONGER LES ONGLES
- PARLER DISTINCTEMENT
- NE PAS SE PLAINDRE
28 AVRIL
ÇA Y EST,
JE L'AIME MOINS.
29 AVRIL
J'AI ENFIN OUVERT LES YEUX ET VU QU'AUTOUR DE MOI IL Y AVAIT DES GENS GÉNIAUX ET PAS QUE LUI.
30 AVRIL
JE VAIS TUER CETTE PETITE CONNE!

Cette "PETITE CONNE", c'était ADÈLE.
ou peut-être CARLA ? En tout cas, ces deux-là continuaient de prendre de la place dans ma vie. Progressivement, elles devenaient de plus en plus COPINES, et BEN passait du temps avec ELLES dans l'espoir de reconquérir Adèle. Je fantasmais complètement ces moments qui sont d'ATROCES BLESSURES D'EGO. Je me sentais doublement SEULE.
Mais je tenais bon,
C'ÉTAIT BIENTÔT LA FIN DE L'ANNÉE.
HA HA HA HA HA HA HA HA HA HA HA HA HA HA HA HA HA HA
M6 : VOUS REGARDEZ : HEARTLEY CŒUR À VIF

Nous sommes en 2004,
J'ai 14 ans et demi,
et je vis mon premier Chagrin d'amour.

LUNDI 5 JUILLET
ALORS, ALORS ??
BREVET 200
36/40 EN FRANÇAIS, 38/40 EN HISTOIRE !
ET TOI ?
37 ET 39 !!
!
YES !
VOUS VENEZ, LES FILLES ?
...
METALLICA

?
BIP
BEN:
RDV CHEZ MOI DANS 30 MIN ?
BIP
J'Y VAIS !!!!
DÉJÀ ?
À PLUS, LES FILLES.
Jusqu'à la fin de l'année, j'ai couché régulièrement avec BEN.
Je ne me rappelle plus la manière dont nous nous sommes séparés. Est-ce que c'est arrivé naturellement, avec les vacances ?
Est-ce qu'il y a eu un POINT FINAL, un AU REVOIR ?
LAKERS
AUCUN SOUVENIR.

J'ai très peu écrit dans mon journal à la fin de l'année scolaire. Mais j'imagine que j'ai passé les derniers mois de l'année à bouillonner, tourmentée, nerveuse, comme une petite tornade d'émotions adolescentes.
L'exercice de l'écriture, qui demande du recul et qui me met face à toute cette COLÈRE, me paraissait sûrement inutile et finalement INSUPPORTABLE.
Je suis partie en vacances, où j'ai pu soigner mon premier chagrin d'amour et mes drames.
À peine rentrée à PARIS, sur le tarmac de l'aéroport, j'avais rallumé mon NOKIA 3310.
AH, LA SALOPE, VA LAVER TON CUL MALPROPRE !!
J'avais plusieurs messages sur mon répondeur.
Des chansons paillardes. Rien d'autre.
J'ai vite compris que CARLA et ADÈLE étaient derrière ces messages.

J'ai appris aussi qu'elles auraient écrit dans les toilettes du collège que j'étais une PUTE.
LUCIE MIKAELIAN EST UNE PUTE
J'ai souvent eu envie d'y retourner pour voir si c'était vraiment là.
HAHAHA HA HA HA HA HA HA HA HA HA HAHA HAHAHA
Quelques jours plus tard, alors que je réglais mes comptes avec CARLA sur MSN :
CARLA :
BEN NOUS A DIT QUE TON VAGIN RÂPAIT COMME UNE RÂPE À FROMAGE.
J'étais dévastée.

PUTE
Peu importe finalement si ces mots ont été écrits ou non sur les murs des toilettes, peu importe si BEN leur avait dit ça ou pas.
La vérité, c'est que ces mots ont longtemps résonné en moi.
ton Vagin râpe

ÉPILOGUE

JEUDI 2 SEPTEMBRE 2004
J'Y VAIS, SALUT !
ET LUCIE, C'EST SÉRIEUX LE LYCÉE, HEIN !
CONDORCET
HELLO !
SALUUUT !
ON Y VA ?

Y A DES GENS QUE TU CONNAIS DANS TA CLASSE ?

ALORS, CETTE PREMIÈRE JOURNÉE ?
TRANQUILLE.
ON N'EST PLUS OBLIGÉS D'ALLER EN PERM !!
LE PROF DE MATHS EST TROP BEAU !
FAUT QUE JE DEMANDE À MA MÈRE DE M'ACHETER UN SAC À MAIN !
OH, Y A MON POTE LÉO !
JE L'AI RENCONTRÉ CET ÉTÉ EN COLO !
LÉO :
ARTISTE
TROP STYLÉ
RAPPEUR/ ROCKEUR/ SKATEUR

LUCIE MIKAELIAN, JEANNE BOËZEC ET LISA CHETTEAU, 2023.

Devant ma webcam à 14 ans

Remerciements

Jeanne, merci. Parce qu'à deux c'est mieux. Nos échanges, nos débats, nos différences aussi, ne cessent de me nourrir depuis trois ans. Je suis fière d'être ton amie. Longue vie à nous !
Lisa, tu étais faite pour dessiner cette BD. Merci pour ton travail acharné, ta patience et ton sens de l'humour.
Merci à tous ceux qui nous ont accompagnées dans ce projet.
Merci à toute l'équipe de Paradiso. Lorenzo Benedetti, merci d'avoir cru en « Mes 14 ans » au-delà du podcast.
Merci, Mark Kessler, pour ta persévérance et ta joie.
Merci à toute l'équipe de Gallimard Bande dessinée et tout particulièrement à Nicolas Leroy, Thierry Laroche et Sandrine Dutordoir. Merci pour votre bienveillance et votre enthousiasme.
Un immense, immense, immense merci à ceux qui ont accepté d'être immortalisés dans cette BD. En particulier à Mélanie, Camille et Ben. Vous avez été trop sympas de jouer le jeu depuis le début.
Mention spéciale pour la Ouigo Family. Vous méritez aussi largement d'être immortalisés. Merci à Benoît d'avoir cru en mes pouvoirs secrets.
Merci, Renaud, pour ton soutien.
Maman, merci pour ta liberté dont je me suis inspirée. Papa, j'espère que tu aurais trouvé ça pas mal.
Karim, je t'aime. Tu es le soleil de ma vie. Sienna, tu liras cette BD quand tu auras 14 ans, c'est-à-dire dans 14 ans. Manil, il est encore un peu trop tôt pour la lire, en revanche. Inaya, oui, ils s'embrassent avec la langue sur la couverture. Non, c'est pas dégoûtant, tu verras.

Lucie

Un immense merci à Lucie de m'avoir fait confiance en partageant
son histoire avec moi. Notre rencontre, et toute la force qu'elle me donne,
me remplit d'un feu invincible.
Merci à Lisa, pour sa patience et son immense talent : je n'aurais pas imaginé
de plus beaux dessins pour nos mots.
Merci à Mark Kessler pour son enthousiasme, à notre éditeur Nicolas Leroy
et à toute l'équipe de Gallimard Bande dessinée. Merci pour votre écoute
et votre accompagnement vers la réalisation de ce premier roman graphique.
Tout a commencé avec un podcast, alors merci à toute l'équipe de Paradiso
Media et particulièrement à Nathalie Mattera, Anne-Cécile Kirry, Chloé Kobuta
et Lorenzo Benedetti. Je suis fière d'avoir travaillé avec vous sur ce projet.
Rien n'est possible sans le temps, l'accompagnement et le soutien
de mes ami·e·s et de ma famille. Merci à mon père et ma mère,
mes deux frères, mes deux sœurs et Anne.
Mais aussi à Charlotte, Clara, Eva, Léa, Margaux, Timothée et Zoé.

Jeanne

Merci à Lucie et Jeanne qui m'ont accueillie avec confiance et bienveillance
dans cette superbe aventure (big up les filles <3),
à Nicolas Leroy et à l'équipe de Gallimard Bande dessinée qui nous
ont accompagnées pendant la réalisation de cette bande dessinée,
à Florence, ma chère colocataire (et reine des cookies) qui rit tous les jours
à mes blagues et avec qui je suis ravie de prendre un café chaque matin,
à Zoé, la fée disco qui partage mon atelier et enchante mes journées,
à mes proches, et tout particulièrement : Giorgia, Elric, Edith, Tim au Thé,
Chloé, Marie, Athénaïs et Ariane pour les cafés-tisanes-longues-conversations
et pour leur amitié,
à Anaël pour sa lumière quotidienne,
aux Siffleuses pour leur soutien de la première heure,
à Thomas Soligny pour son suivi et sa bonne humeur,
à la Maison des auteurs d'Angoulême,
à tous les musicien.ne.s que j'ai écouté.e.s en dessinant cette histoire,
à ma famille et mes parents pour leur soutien inconditionnel et leur amour,
et à mes sœurs Susy et Margaux, pour à peu près tout, depuis toujours.

Lisa

Les autrices

Lucie Mikaelian et Jeanne Boëzec sont toutes deux journalistes et vivent à Paris. Ensemble, elles créent en juin 2020 le podcast « Mes 14 ans », une série de douze épisodes inspirés de l'ancien journal intime de Lucie, qui rencontre un vif succès. En 2021, elles contactent la dessinatrice angoumoisine Lisa Chetteau avec l'envie d'imaginer une bande dessinée issue du même matériau. Pour la réalisation de ce livre, elles se replongent toutes les trois dans cette année charnière de leur vie de femme et *Mes quatorze ans* devient un peu « leurs quatorze ans ».

La bande-son de leurs quatorze ans

Lisa

Love Always Remains - MGMT
Un homme dans la bouche - Indochine
100 % VIP - Philippe Katerine
L'Alizé - Alizée
My Sweet Prince - Placebo
Cryin' - Aerosmith

Jeanne

Always Love - Nada Surf
Perdus cette nuit - BB Brunes
The End Has No End - The Strokes
Reckoner - Radiohead

Lucie

Sexe - Saez
L'Hymne de nos campagnes - Tryo
Time Is Running Out - Muse
Last Nite - The Strokes
Bitter Sweet Symphony - The Verve
You Can't Hurry Love - Diana Ross